TAXHERO 税收新政研习与实战运筹系列丛书之一

财税浪子 著

增值税法深度研习手册

——条文精读与实践要点

中国财经出版传媒集团
中国财政经济出版社
·北京·

图书在版编目（CIP）数据

增值税法深度研习手册：条文精读与实践要点 / 财税浪子著 . -- 北京：中国财政经济出版社，2025.1.（TAXHERO 税收新政研习与实战运筹系列丛书）. -- ISBN 978-7-5223-3697-8

Ⅰ . D922.229.4

中国国家版本馆 CIP 数据核字第 20256QT112 号

责任编辑：尉　敏　　　　责任印制：史大鹏

封面设计：卜建辰

增值税法深度研习手册：条文精读与实践要点

ZENGZHI SHUIFA SHENDU YANXI SHOUCE: TIAOWEN JINGDU YU SHIJIAN YAODIAN

中国财政经济出版社 出版

URL：http：//www. cfeph. cn

E-mail：cfeph@ cfeph. cn

社址：北京市海淀区阜成路甲 28 号　邮政编码：100142

营销中心电话：010-88191522

天猫网店：中国财政经济出版社旗舰店

网址：https：//zgczjjcbs. tmall. com

北京中兴印刷有限公司印刷　各地新华书店经销

成品尺寸：170mm × 240mm　16 开　14 印张　166 000 字

2025 年 1 月第 1 版　2025 年 1 月北京第 1 次印刷

定价：58.00 元

ISBN 978-7-5223-3697-8

（图书出现印装问题，本社负责调换，电话：010-88190548）

本社图书质量投诉电话：010-88190744

打击盗版举报热线：010-88191661　QQ：2242791300

序 言

在冬天里追逐雷和闪电的速度

2024年11月开始，我就在筹划一件大事，焦急地等待增值税法草案第三次审议的信息。12月7日和8日，中国财税浪子研究院第三届并购重组与资本交易税收案例学习大会在海南省海口市举行，在这次会议上，我跟大家反馈了我的设想。全国人大常委会的会议通常是在12月下旬举行，如果在12月底的常委会会议上增值税法获得通过，那么我们就准备于2025年1月4日和5日在北京举办第四届并购重组与资本交易税收案例学习大会（增值税法专题）。也是在这一次会议上，中国财政经济出版社的尉敏主任向我建议，如果增值税法出台，希望我牵头写一本关于增值税法的书籍，就在中国财政经济出版社出版。此前，中国财税浪子学习小组也和尉敏主任合作，成功举办了多轮增值税法草案的专业探讨会，以及第一届和第二届税收实务创新发展专业论坛。

从海口回来，我迅速以增值税法草案（二次审议稿）为基础整理了逐条分析的讲义，其实这个工作我已经有了两年的铺垫，目的是为其后可能开展的活动做好坚实的准备。

2024年12月13日下午，十四届全国人大常委会第三十五次委员长会议在北京人民大会堂举行。会议决定，十四届全国人大常委会第十三次会议于12月21日至25日在北京举行。委员长会议建议的十四届全国人大常委会第十三次会议审议的议程中明确包括增值税法草案。这是增值税法草案第三次在全国人大常委会进行审议，按照常理，第三次审议的法律草案通常会被安排表决。这个时候我总体判断增值税法通过的概率很高，于是进一步整理了增值税法草案逐条分析的讲义，准备在正式法律出来以后以最快的速度进行修改。

2024年12月21日上午，十四届全国人大常委会第十三次会议在京举行第一次全体会议，会议听取了宪法和法律委员会副主任委员何平作的关于增值税法草案审议结果的报告。草案三审稿进一步规范立法授权，完善税收优惠相关规定，做好与关税法等有关法律的衔接等。当天晚上我通过新闻联播第一次听到何平副主任委员作的是关于增值税法草案审议结果的报告时，心里激动万分。按照立法法第三十二条规定："列入常务委员会会议议程的法律案，一般应当经三次常务委员会会议审议后再交付表决。常务委员会会议第一次审议法律案，在全体会议上听取提案人的说明，由分组会议进行初步审议。常务委员会会议第二次审议法律案，在全体会议上听取宪法和法律委员会关于法律草案修改情况和主要问题的汇报，由分组会议进一步审议。常务委员会会议第三次审议法律案，在全体会议上听取宪法和法律委员会关于法律草案审议结果的报告，由分组会议对法律草案修改稿进行审议。常务委员会审议法律案时，根据需要，可以召开联组会议或者全体会议，对法律草案中的主要问题进行讨论。"由于本次常委会会议就是第三次审议增值税法草案，而且听取的就是关于草案审议结果的报告，这就意味着增值税法草案几乎笃定会在本次常委会会议上表决并获得通过。

从12月22日开始，我立刻在北京寻找和安排场地，筹备中国财税浪子研究院第四届并购重组与资本交易税收案例学习大会（中华人民共和国增值税法专题），我们自己将这次活动简称为“四大”。12月24日下午，关于“四大”会议的场地、时间、讲师等安排就基本敲定了。12月25日上午，十四届全国人大常委会第十三次会议举行闭幕会，正式表决通过《中华人民共和国增值税法》，自此，作为我国第一大税种的增值税实现了税收法定，这是一件可喜可贺的大事。从12月25日晚间开始，我就着手细化和完善我的增值税讲义，并且将其初步命名为《新增值税法学习简本》，结构上采用逐条讲析的方式结合实务问答、具体案例对增值税法进行解读。截至2025年1月3日夜间，我通宵达旦完成了全部手稿。

2025年1月4日和5日，第四届并购重组与资本交易税收案例学习大会（中华人民共和国增值税法专题）在北京市唐山大厦酒店成功举办。在这次会议上我花了一天半的时间同样采用逐条分析的方式对增值税法进行了串讲，和大家一起进行了热烈深入的研讨。经过会议的洗礼，我又在5日夜间对书稿进行了最后的修改和调整。2025年1月6日早晨上班之前，我就迫不及待地将书稿发给尉敏主任，请他以最快的速度对这本书稿进行审校。

后来经和尉敏主任沟通，最终将书名确定为《增值税法深度研习手册：条文精读与实践要点》，并且作为“TAXHERO税收新政研习与实战运筹系列丛书”中的第一本。TAXHERO是我的微信号，实际上就是中国财税浪子对应的英文。

感谢北京中翰税务师事务所集团有限公司和中诚盈禾税务师事务所（北京）有限公司团队对本书的集体支持。感谢王书红（海南）、王爱红（山西）、王淑红（辽宁）、张晨（北京）、杨华昌（河北唐山）、李存周（天津）、蔡江华（北京市密云区税务局）、霍红岩（北京）、董金勇（山东莱阳）、张宗秀（山东高密）、王蓓（上海）、庄元红和周超（四川）、刘荣（云南）、胡蓉辉（辽宁）、刘敏娟（陕西)、李涛（湖南常德）、刘海英（山东淄博）、段朝（青岛）、李玉成（北京）等对本书的出品提出的宝贵修改建议和问题支援。前行路上，风雨或情绪，皆非阻碍，因有你们的关爱，我心向阳。

2024年的最后一个月，几乎没有寒风凛冽、满目肃杀的感觉，甚至还不时透着暖意和清新。我们乘势而为，在冬季里追逐雷和闪电的速度，让一切不可能都成为了可能。增值税法就像一个充满快乐和神奇的精灵，蹦蹦跳跳来到我们的面前。我们财税人从心底里关注他，他充满着朝气、仿佛带着春风走进我们的视野。我们的背后有着数不清的纳税人、涉税专业服务人员和税务干部，学习增值税法、讨论增值税法、运用增值税法，我们的眼神变得愈发明亮和清澈起来。

中国财税浪子

2025年1月13日（农历腊月十四）

于北京市朝阳区寓所

目 录

中华人民共和国增值税法

（2024年12月25日第十四届全国人民代表大会常务委员会第十三次会议通过）

目　录

第一章　总　则

第一条 为了健全有利于高质量发展的增值税制度，规范增值税的征收和缴纳，保护纳税人的合法权益，制定本法。

中国财税浪子技术提示——本条是对增值税立法宗旨或者立法目的的表述，是增值税立法表决之前添加的一个条款。

一、在增值税立法“临门一脚”的关键时刻增加了对立法目的的规范

2024年12月25日，十四届全国人大常委会第十三次会议通过了《中华人民共和国增值税法》（除非特别指出，以下简称“增值税法”），共6章38条，自2026年1月1日起施行。全国人大常委会法工委经济法室主任杨合庆在增值税法通过后回答记者提问时指出，增值税是我国第一大税种。2023年国内增值税收入6.93万亿元，进口环节增值税收入1.84万亿元，出口退税1.71万亿元，增值税收入合计7.06万亿元，约占全部税收收入的39%。增值税作为流转税、价外税，对货物、服务、无形资产、不动产在流转过程中产生的增值额予以征税，采用“上征下抵”的征收机制，在保障税款征收的同时，可有效避免重复征税，具有良好的税收中性特点。

改革开放初期，我国在部分地区和行业试点征收增值税。1993年国务院制定了《中华人民共和国增值税暂行条例》（除非特别指

出，以下简称“暂行条例”)，对增值税制度作出规定。与之配套，财政部出台了《中华人民共和国增值税暂行条例实施细则》(除非特别指出，以下简称“暂行条例实施细则”)。2008年，国务院修订增值税暂行条例，在全国范围内实施增值税转型改革，将生产型增值税转变为消费型增值税。与之配套，财政部、税务总局也对实施细则进行了修订。2016年5月1日，营业税改征增值税全面推开，财政部、税务总局公布发布了《关于全面推开营业税改征增值税试点的通知》[①]以及包含在通知中的附件1《营业税改征增值税试点实施办法》(除非特别指出，以下简称“实施办法”)。在此基础上，2017年国务院废止了《营业税暂行条例》，并且修订了《增值税暂行条例》。

按照落实税收法定原则的改革部署，国务院方面起草了增值税法草案，全国人大常委会经过三次审议，通过了增值税法。增值税法保持增值税税制基本稳定、税负水平总体不变，同时，总结实践经验、体现改革成果，对于健全有利于高质量发展的增值税制度、规范增值税的征收和缴纳、保护纳税人的合法权益，具有重要意义。

但是增值税法有关立法目的的这一条规范从最初的一审草案、二审草案到三审草案其实一直都是没有的。直到三审草案最终付诸表决时才确定将该条写入，可以说是在增值税立法“临门一脚”的时刻加上了这样一个提纲挈领的表述。全国人民代表大会宪法和法律委员会在提出关于《中华人民共和国增值税法(草案三次审议

① 学习注释——《财政部 国家税务总局关于全面推开营业税改征增值税试点的通知》(财税〔2016〕36号)，一共包含四个附件。附件1《营业税改征增值税试点实施办法》、附件2《营业税改征增值税试点有关事项的规定》、附件3《营业税改征增值税试点过渡政策的规定》、附件4《跨境应税行为适用增值税零税率和免税政策的规定》。

稿）》修改意见的报告时对这个问题进行了说明，报告中提到，有的常委委员建议增加一条，对本法的立法目的作出规定。宪法和法律委员会经研究，建议增加一条，作为第一条，规定："为了健全有利于高质量发展的增值税制度，规范增值税的征收和缴纳，保护纳税人的合法权益，制定本法。"同时，对草案三次审议稿第一条、第二条的顺序予以调整。我们注意到，这种写入立法宗旨的情形在制定税收单行法律的过程中并不常见。比如，《中华人民共和国环境保护税法》第一条规定："为了保护和改善环境，减少污染物排放，推进生态文明建设，制定本法。"再比如，2024年12月1日起施行的《中华人民共和国关税法》第一条规定："为了规范关税的征收和缴纳，维护进出口秩序，促进对外贸易，推进高水平对外开放，推动高质量发展，维护国家主权和利益，保护纳税人合法权益，根据宪法，制定本法。"我们不难看出，增值税法最终写入的第一条相关规定也是从关税法借鉴了相关的表述。

小贴士 增值税法第一条增加了有关立法目的的表述，但是在此前的历次增值税法草案审议稿中我们并没有看到类似的规定。在增值税法中规定立法目的或者立法宗旨，有什么具体意义？

中国财税浪子解答： 在一部法律中开宗明义明确立法目的、立法依据、职责任务等是我国法律的重要特色之一，但是这个特点在一些小税种的立法中体现得并不明显，甚至在《中华人民共和国企业所得税法》《中华人民共和国个人所得税法》这样一些非常重要的税收单行法中都没有明确有关立法目的。1991年7月1日开始施行，2008年1月1日正式废止的《中华人民共和国外商投资企业和外国企业所得税法》中也没有明确立法目的和立法宗旨。本次增值税法废止的《中华人民共和国增值税暂行条例》其实也没有关于立法目的的相关规定。

增值税法第一条的规定明确了“健全有利于高质量发展的增值税制度”“规范增值税的征收和缴纳”“保护纳税人的合法权益”三个立法目的，对整部增值税法起到了统领作用，也为后续国务院及其财政、税务主管部门制定增值税法相关配套制度确立了严密的立法逻辑和立法基础。在实际征管中，纳税人、扣缴义务人与税务机关及其工作人员之间发生增值税征管的具体矛盾、具体争议是不可避免的，此时如果没有具体的适用政策和处理规范，当事人也可以从增值税立法目的、立法宗旨的角度反映合理的征纳诉求，推动征管矛盾的化解和解决。不过，增值税的实际征管毕竟涉及大量的技术细节，我们也不必对立法目的在实践中的运用有过高的期望。

二、不能认为国务院根据全国人大常委会授权制定的暂行条例法律效力高于行政法规

《中华人民共和国增值税法》属于全国人大常委会制定的税收法律，被增值税法废止的《中华人民共和国增值税暂行条例》属于国务院制定的行政法规，增值税法的位阶高于暂行条例，这是毋庸置疑的。但是在实务中还有一种观点，认为暂行条例属于国务院根据全国人大及其常委会授权进行的立法，认为根据授权立法制定的行政法规高于国务院直接制定的行政法规。中国财税浪子对此表示不认同，这个观点显然是错误的。无论是否涉及立法机关的授权，只要是国务院根据其立法权限制定的行政法规，其位阶都是平等的，只是在行政法规的名称上保持略有差异。《行政法规制定程序条例》第二条规定：“行政法规的立项、起草、审查、决定、公布、解释，适用本条例。”无论是基于授权立法，还是国务院自行立法，相关行政法规的制定程序是统一的。《行政法规制定程序条例》第五条进一步明确：“行政法规的名称一般称‘条例’，也可以称‘规定’‘办

法’等。国务院根据全国人民代表大会及其常务委员会的授权决定制定的行政法规，称‘暂行条例’或者‘暂行规定’。国务院各部门和地方人民政府制定的规章不得称‘条例’”。通过这个规定可以看出，根本不存在国务院根据全国人大常委会的授权决定制定的行政法规在位阶和效力上高于其他行政法规的问题。我们假设未来国务院根据宪法规定的职权制定了作为行政法规的《中华人民共和国增值税法实施条例》，单就其位阶和效力来看，《中华人民共和国增值税法实施条例》和被增值税法取代的《中华人民共和国增值税暂行条例》是一样的。

三、增值税法的主要内容

增值税法主要包括五个方面的主要内容：

1.规定增值税的征税范围。明确在中华人民共和国境内销售货物、服务、无形资产、不动产，以及进口货物的单位和个人，为增值税的纳税人，应当依照本法规定缴纳增值税；同时对应税交易、视同应税交易、不属于应税交易的情形等作出规定。

2.明确增值税税率和应纳税额。维持现行13%、9%、6%三档税率不变，对部分货物、服务出口适用零税率；规定增值税的计税方法，界定销项税额、进项税额及销售额；明确简易计税方法的征收率以及进口货物应纳税额的计算方法等。

3.规范增值税税收优惠。设定了小规模纳税人纳税起征点；列举了法定免税项目，并授权国务院规定具体标准；授权国务院制定增值税专项优惠政策，报全国人大常委会备案。

4.规范增值税征收管理。明确增值税由税务机关征收，进口货物的增值税由海关代征，并对增值税的纳税义务发生时间、纳税地点、计税期间、扣缴义务人等作了规定。

5.做好增值税法与有关法律的衔接。与关税法相衔接，对进口货物增值税的征收管理作出规定；与全国人大常委会有关决定相衔接，对由国务院制定中外合作开采海洋石油、天然气增值税的计税方法等作出规定。

四、为什么企业所得税法是由全国人大制定，而增值税法则是由全国人大常委会制定

增值税是我国的第一大税种，但是增值税法是由全国人大常委会制定的，而《中华人民共和国企业所得税法》（除非特别指出，以下简称“企业所得税法”）却是由全国人大制定通过的，这一点确实有点令人费解。在增值税法草案2024年12月21日进入三审程序的时候，还有一些民间的声音在怀疑这一次增值税法草案会不会“三审而过”，理由就在于他们似乎觉得增值税法草案更应该留给全国人民代表大会去表决通过。按照《中华人民共和国立法法》第十条规定，“全国人民代表大会和全国人民代表大会常务委员会根据宪法规定行使国家立法权。全国人民代表大会制定和修改刑事、民事、国家机构的和其他的基本法律。全国人民代表大会常务委员会制定和修改除应当由全国人民代表大会制定的法律以外的其他法律；在全国人民代表大会闭会期间，对全国人民代表大会制定的法律进行部分补充和修改，但是不得同该法律的基本原则相抵触。全国人民代表大会可以授权全国人民代表大会常务委员会制定相关法律。”严格地说，无论是企业所得税法还是增值税法作为税收单行法，都很难将其归类为基本法律，通常情况下没有必要通过全国人大立法。但是，在1982年宪法颁布施行前，我国先后出台的《中华人民共和国个人所得税法》《中华人民共和国中外合资经营企业所得税法》《中华人民共和国外国企业所得税法》都是通过全国人

大的立法权限来立法的。1991年我国率先推动“外税合并”制定的《中华人民共和国外商投资企业和外国企业所得税法》也继续采用全国人大的立法模式，这也是因为该法律需要同步废止原先由全国人大制定的《中外合资经营企业所得税法》和《外国企业所得税法》。我国现行企业所得税法最初是由2007年3月16日第十届全国人民代表大会第五次会议通过的，属于全国人大制定的法律，但其实并不属于基本法律。基本法律必须由全国人大行使立法权，但是不能反过来说全国人大制定通过的法律必须是基本法律。从立法背景来看，企业所得税法第六十条规定“本法自2008年1月1日起施行。1991年4月9日第七届全国人民代表大会第四次会议通过的《中华人民共和国外商投资企业和外国企业所得税法》和1993年12月13日国务院发布的《中华人民共和国企业所得税暂行条例》同时废止。”由于制定企业所得税法需要废止外商投资企业和外国企业所得税法，而后者也是由全国人大通过，属于全国人大制定的法律，因此在制定企业所得税法的时候也是采取全国人大制定并通过的方式。中国财税浪子认为，企业所得税法确实重要，但尚不足以将其定位为基本法律，只是由于立法历史沿革的原因由全国人大实施立法权。相对而言，增值税法没有像企业所得税法这样的“历史包袱”，因此可以相对“轻装上阵”，通过全国人大常委会三审而最终得以面世。

第二条 增值税税收工作应当贯彻落实党和国家路线方针政策、决策部署，为国民经济和社会发展服务。

中国财税浪子技术提示——本条强调的是加强党对增值税工作的领导，要求增值税工作应当为党和国家的经济和社会发展工作服务[①]。在立法中表述加强党对某项工作的领导，几乎成为近年来的立法趋势。

一、增值税立法和增值税工作的开展是贯彻落实党的二十大和二十届三中全会决定和精神的重要举措

根据党的二十届三中全会决定，健全有利于高质量发展的税收制度，需要全面落实税收法定原则、健全直接税体系、完善地方税体系、完善绿色税制、深化税收征管改革。

1.全面落实税收法定原则。规范税收优惠政策，完善对重点领域和关键环节支持机制。围绕支持创新发展、绿色发展和协调发展，完善政策、提升效率，进一步增强规范性、针对性和有效性。加强税收立法修法工作，研究与新业态相适应的税收制度，稳步推进增值税、消费税、土地增值税等税收立法，积极稳妥推进非税收入的立法研究，提升政府收入体系规范化和法治化水平，助力优化营商环境，有力促进全国统一大市场建设。

2.健全直接税体系。完善综合和分类相结合的个人所得税制度，规范经营所得、资本所得、财产所得税收政策，实行劳动性所得统一征税。完善房地产税收制度。更好发挥直接税在组织财政收入和调节收入分配等方面的作用，促进社会公平正义。

3.完善地方税体系。增加地方自主财力，拓展地方税源，适当扩大地方税收管理权限。推进消费税征收环节后移并稳步下划地方，

---

① 学习注释——2024年4月26日第十四届全国人民代表大会常务委员会第九次会议通过，2024年12月1日开始施行的《中华人民共和国关税法》第六条也明确规定："关税工作坚持中国共产党的领导，贯彻落实党和国家路线方针政策、决策部署，为国民经济和社会发展服务。"关税法与增值税法的表述总体一致。

完善增值税留抵退税政策和抵扣链条，优化共享税分享比例。研究把城市维护建设税、教育费附加、地方教育附加合为地方附加税，授权地方在一定幅度内确定具体适用税率。通过合理配置地方税权，理顺税费关系，培育壮大地方财源，逐步建立规范、稳定、可持续的地方税体系。

4.完善绿色税制。落实水资源刚性约束制度，全面推行水资源费改税[①]。改革环境保护税，研究将挥发性有机物纳入环境保护税征收范围。完善增值税、消费税、企业所得税等有关促进绿色发展的政策体系。健全碳市场交易制度、温室气体自愿减排交易制度，完善碳定价机制，建立健全有利于碳减排的税收政策体系，积极稳妥推进碳达峰碳中和，推动绿色发展，促进人与自然和谐共生。

5.深化税收征管改革。全面推进税收征管数字化升级和智能化改造，完善税务监管体系，进一步增强纳税服务和税务执法的规范性、便捷性和精准性。规范和加强收入征管，依法征收、应收尽收，坚决防止收“过头税费”。

---

① 学习注释——为全面贯彻党的二十大和二十届二中、三中全会精神以及《中华人民共和国资源税法》《中华人民共和国水法》有关规定，加强水资源管理和保护，促进水资源节约集约安全利用，财政部 税务总局 水利部三部门制定了《水资源税改革试点实施办法》，经国务院同意，2024年10月11日，三部门联合印发《水资源税改革试点实施办法》（财税〔2024〕28号）。《水资源税改革试点实施办法》已经于2024年12月1日起生效施行。

二、增值税工作贯彻落实党和国家路线方针政策、决策部署，为国民经济和社会发展服务的具体案例

【具体案例1】

科技创新赋能传统产业焕发新活力

增值税发票数据显示，前10个月传统产业销售收入同比增长5.4%

（2024-12-16，国家税务总局办公厅）

传统产业是现代化产业体系的基底，也是我国制造业发展的基本盘，在国民经济中始终扮演着重要角色。党的二十届三中全会强调，以国家标准提升引领传统产业优化升级，支持企业用数智技术、绿色技术改造提升传统产业。

近年来，国家陆续出台了一系列支持科技创新的税收优惠政策，去年中央经济工作会议和今年全国两会都强调“重点支持科技创新”。在一系列政策“组合拳”支持下，今年以来，我国传统产业持续加大科技创新投入，通过研发新产品、开拓新市场、满足新需求，销售收入实现较快增长，“老三样”“老材料”“老民生”等行业焕发新活力。国家税务总局数据显示，今年前三季度，我国传统产业享受科技创新税收优惠金额同比增长21.5%。从增值税发票数据来看，今年前10个月，我国传统产业销售收入同比增长5.4%。

1.“老三样”行业适应“新趋势”，加力提升产品品质

我国出口海外的“老三样”行业——服装、家具、家电行业的“实力”不容小觑：作为全球最大的出口国，目前我国家具产值达全球35%以上；年产服装700多亿件，占全球一半以上；2024年全年，中国家电出口预计超过1200亿美元。“老三样”行业在科技创

新税收优惠政策的支持下，正积极研发国货潮品、智能家居、智能家电等新产品，推动“老三样”消费迈上新台阶。税收数据显示，今年前三季度，服装、家具、家电“老三样”行业享受科技创新税收优惠金额同比增长20.5%。增值税发票数据显示，今年前10个月，“老三样”行业销售收入同比增长6.5%。

在服装行业，特步集团持续打造“中国跑步第一品牌”，不断推出轻便、减震、舒适的跑鞋，设计生产传统文化与现代潮流结合的“国潮”新品，赢得消费者青睐。今年前10个月，该公司销售收入同比增长13.9%。特步集团副总裁戴斌介绍，今年特步加大创新投入，将世界前沿的运动科学转化为可实用的跑步科技。“今年1—10月，集团享受研发费用加计扣除税收优惠2396.74万元。”戴斌说。

在家具行业，梦百合家居科技股份有限公司近年来持续加大前沿科技研究力度，开发出满足消费者“健康睡眠”需求的智能床产品，今年前10个月实现销售收入同比增长21.8%。“研发投入多，税前扣除也多，收益回报更多。这是我们持续创新、良性发展的成长‘密码’。”公司财务负责人张爱兰介绍，今年公司重金投入建设的智能工厂，让生产效率提升28%，产品不良率降低71%。“截至目前，公司今年已享受研发费用加计扣除金额7000多万元，享受高新技术企业减免所得税额2400多万元。”张爱兰说。

全球白色家电第一品牌——海尔集团，正撕掉传统家电企业的标签，走在智能化发展的道路上。集团旗下的青岛海尔多媒体有限公司将人工智能（AI）技术应用于电视领域，先后推出了引领行业的无尾电视、脑力波电视、透明屏电视等新产品，今年前10个月销售收入同比增长26%。公司办税负责人张超说：“现在，公司以集团‘开启未来智慧生活’理念为引领，努力打造专业的智慧家庭生态云，将为消费者推出更多智能、健康的好产品。”

2. “老材料”行业开拓“新市场”，逐步向新领域延伸

材料是建设之基。处于生产制造底部的传统材料行业，正加力改进工艺、升级产品，推动产品向中高端领域迈进。国家税务总局数据显示，今年前三季度，化纤、橡塑等“老材料”行业享受科技创新税收优惠金额同比增长24.5%。今年前10个月，化纤、橡塑行业销售收入同比分别增长12.4%和8.4%。

作为全世界最大的产业用纺织纤维生产基地，江苏恒力化纤股份有限公司近年来加大科技投入，从基础的纺织面料逐步向高端功能性面料和时尚纺织品领域进军，重点发展绿色纺织品、功能纺织品和技术纺织品。截至目前，企业在工业纤维领域获得了200多件发明专利，获得中国专利奖4项。

凭借“自主创新”优势，今年前10个月，江苏恒力化纤公司销售收入同比增长33%，享受增值税加计抵减1.27亿元。“税收优惠政策为企业扩大产能、开展技术创新提供了巨大支持。”公司财务人员吴惠芳说。

作为国家级制造业单项冠军，福建远翔新材料股份有限公司在原有生产技术基础上，不断改进工艺、创新品类，大力拓展硅橡胶的中高端应用范围。目前，该公司已发展成为国内高温硫化硅橡胶用纳米二氧化硅细分领域龙头企业，产销量均居行业前列。今年前10个月，公司销售收入同比增长18.9%。

技术不断升级迭代的背后，离不开税收优惠政策的支持。“我们算过一笔账，今年以来，我们公司已累计享受研发费用加计扣除金额约2800万元。税收优惠政策的大力支持让我们可以安心生产，进一步研发创新！”该公司财务负责人邱棠福说。

3.“老民生”行业迎合“新消费”，持续丰富服务供给

随着人民对美好生活的追求不断升级，消费结构也在发生深刻变化。我国食品制造、文体娱乐用品生产等“老民生”行业积极迎合消费者喜好，不断丰富服务供给形式、载体，以多样化服务促进消费提级。国家税务总局数据显示，今年前三季度，食品制造、文体娱乐用品等“老民生”行业享受科技创新税收优惠金额同比增长15.5%。其中，地方特色菜、预制菜的开发成为食品制造企业新的增长点。增值税发票数据显示，今年前10个月，食品制造业销售收入同比增长4.8%。

在特色菜领域，广西柳州螺蛳粉[①]这一传统美食在科技创新的推动下，正焕发出新活力。广西螺霸王食品科技有限公司近年来通过积极与高校和研究机构合作，引入现代食品加工技术，推动产业升级，并通过大数据分析消费者口味偏好，研发出丰富多样的新产品。该公司海外事业部总经理欧皓轩介绍，他们在欧洲和东南亚等海外市场取得重大突破，今年前10个月，公司已实现出口金额超过200万元。

① 学习注释——为支持螺蛳粉行业发展并规范其增值税进项税额扣除，《国家税务总局广西壮族自治区税务局关于在螺蛳粉制造行业试行农产品增值税进项税额核定扣除办法的公告》（2019年第8号）确定，自2019年8月1日起，购进农产品为原料生产螺蛳粉的增值税一般纳税人（以下简称“试点纳税人”），纳入农产品增值税进项税额核定扣除试点范围，其购进农产品无论是否用于生产上述产品，增值税进项税额均按照《农产品增值税进项税额核定扣除试点实施办法》（财税〔2012〕38号文件公布）的规定抵扣。办法同时规定，试点纳税人购进农产品以及工业半成品生产螺蛳粉的，应当分别核算，未分别核算的，不得适用农产品增值税进项税额核定扣除办法。试点纳税人如因生产经营方式变化等原因，不再适用购进农产品增值税进项税额核定扣除办法的，应于变化当月告知主管税务机关，主管税务机关应及时进行清算调整。

作为"老民生"行业的文体娱乐用品行业，近年来把健康、有趣作为发展着力点，推出丰富多彩的新产品。国家税务总局发布的增值税发票数据显示，今年前10个月，文教工美体育和娱乐用品制造业销售收入同比增长12.4%。

Hape国际控股集团旗下的宁波怡人玩具有限公司紧跟市场需求，加大益智教育玩具的研发投入，前10个月销售收入同比增长16.6%。作为高新技术企业，公司近三年享受的研发费用加计扣除金额累计已超过4000万元。Hape集团创始人兼CEO彼得·汉斯丹表示："中国支持创新的税收政策促进了传统产业的创新，这让我们更加坚定地拥抱中国市场。"

在上海，乔山健康科技（上海）有限公司每天可生产1000台跑步机、健身车等产品，产能占到集团全球产能的60%以上。今年，企业在安全、健康、智能方向持续加大创新投入，在以自研自产的智能跑步机为代表的健身器材拉动下，前10个月销售收入同比增长超30%。乔山集团中国区总部执行长李永楷表示，在税收优惠政策支持下，将持续以市场需求为导向，开发出更多智能化的运动健康产品。

一组组税收数据、一项项研发成果、一个个创新案例，生动描绘出中国传统产业持续创新、不断迈向高端的跃动曲线，中国经济高质量发展的动能更加激越澎湃。

【具体案例2】

一家出版社能享受多少税收优惠？

（2024-12-27，中国税务报 记者 张鲲翼）

自1957年成立以来，广西民族出版社已出版各类壮文图书6000多种，多文种民族文化、教育图书1万多种，发行量2亿多册，获国家级、省部级以上图书奖300多种。该出版社财务负责人韦雪薇告诉记者，2022年以来，广西民族出版社减免了200余万元的增值税税款。“省出来的资金，可以用于深入挖掘广西各民族的文化故事。”韦雪薇说。

锚定2035年建成文化强国的战略目标，近年来，财政部、税务总局发布系列税费优惠政策，支持文化事业和文化产业发展。其中，出版单位成为这些税收优惠政策的受益者。根据《财政部 税务总局 中央宣传部关于文化体制改革中经营性文化事业单位转制为企业税收政策的公告》（财政部 税务总局 中央宣传部公告2024年第20号，以下简称20号公告）规定，经营性文化事业单位指从事新闻出版、广播影视和文化艺术的事业单位。

增值税优惠，是一些出版单位最看重的税收优惠。《财政部 税务总局关于延续实施宣传文化增值税优惠政策的公告》（财政部 税务总局公告2023年第60号，以下简称60号公告）明确，2027年12月31日前，对符合条件的出版物，在出版环节执行增值税先征后退的政策。国家税务总局南宁市税务局货物和劳务税科科长龚晓华提醒，不同类型的出版物，退税比例不同。对中国共产党和各民主党派的各级组织的机关报纸和机关期刊等出版物，在出版环节执行增值税100%先征后退的政策；对各类图书、期刊、音像制品、电子出版物等，在出版环节执行增值税50%先征后退的政策。

除出版环节的先征后退政策外，出版单位还可享受到免征图书批发、零售环节增值税。根据60号公告，2027年12月31日前，出版社在出版物零售和批发环节同样可以享受到免征增值税的政策。这一政策的实施，旨在鼓励出版物销售企业扩大经营规模，提升服务质量，推动文化产业的发展。南宁书城文化有限责任公司原为南宁市新华书店，主营业务有图书、报刊、教材、出版物批发、零售等。作为广西出版物销售行业的领军企业，该公司充分享受免征增值税政策的红利，2023年以来共享受增值税减免300余万元。

“享受增值税100%、50%先征后退的主体，必须是具有相关出版物出版许可证的出版单位。”龚晓华提醒，承担省级及以上出版行政主管部门指定出版、发行任务的单位，因进行重组改制等原因尚未办理出版、发行许可证变更的单位，经财政部各地监管局商省级出版行政主管部门核准，可以享受相应的增值税先征后退政策。

前不久，为进一步支持深化文化体制改革，财政部、税务总局、中央宣传部发布的20号公告明确，经营性文化事业单位于2022年12月31日前转制为企业的，自转制注册之日起至2027年12月31日免征企业所得税。由财政部门拨付事业经费的文化单位于2022年12月31日前转制为企业的，自转制注册之日起至2027年12月31日对其自用房产免征房产税。

漓江出版社成立于1980年，隶属于广西出版传媒集团有限公司，是国内出版文学艺术、人文社科、文化生活和青少年读物的重要机构。2009年12月，漓江出版社踏上了企业化、公司化改革的道路。漓江出版社财务负责人李静敏告诉记者，国家出台的支持经营性文化事业单位转制的税收优惠政策，一定程度上缓解了企业的资金流压力，帮助企业解决市场适应性较弱、人才匮乏等问题。

桂林市税务局所得税科科长罗昕提醒，企业符合享受免税优惠条件并完成认定后，在预缴申报时，在《中华人民共和国企业所得税月（季）度预缴纳税申报表（A类）》的第13行，填写减免的所得税额；在企业所得税年度申报时，在《减免所得税优惠明细表》（A107040）的第17行，填写经营性文化事业单位转制为企业免征的企业所得税额。

三、全国人大常委会对全面落实税收法定原则，做好下一步税收立法工作有哪些考虑

党的二十届三中全会对深化财税体制改革作出全面部署，对优化税制结构、规范税收优惠政策、完善增值税留抵退税政策和抵扣链条等提出明确要求。

增值税法贯彻落实党的二十届三中全会精神，完善相关制度规定；坚持税收法定原则；对增值税的税制要素、税收优惠、征收管理等，能在本法中明确规定的都予以明确，减少和规范对国务院的立法授权；规范税收优惠政策；在现行增值税优惠政策的基础上，根据形势变化调整完善有关免税项目；授权国务院对支持小微企业发展、扶持重点产业、鼓励创新创业就业、公益事业捐赠等情形制定专项优惠政策，体现对重点领域和关键环节的支持；要求国务院对增值税优惠政策适时开展评估、调整。此外，完善增值税留抵退税制度。对于当期进项税额大于当期销项税额的部分，明确纳税人可以选择结转下期继续抵扣或者申请退还，同时为进一步完善增值税留抵退税政策改革留出空间。

党的十八大以来，按照党中央关于落实税收法定原则的决策部署，全国人大常委会高度重视税收立法工作，先后制定出台11部税收法律，现行18个税种中已经有14个完成立法[①]，涵盖了大部分的

① 学习注释——目前已经完成立法（制定税收法律）的税种单行法包括个人所得税法、企业所得税法、车船税法、环境保护税法、烟叶税法、船舶吨税法、车辆购置税法、耕地占用税法、资源税法、城市维护建设税法、契税法、印花税法、关税法、增值税法，尚有消费税暂行条例、城镇土地使用税暂行条例、房产税暂行条例、土地增值税暂行条例未升级为税收法律。按照全国人大常委会法工委的法律目录统计口径，1993年12月29日通过的《全国人民代表大会常务委员会关于外商投资企业和外国企业适用增值税、消费税、营业税等税收暂行条例的决定》也属于法律。

税收收入，全面落实税收法定原则取得重要进展。党的二十届三中全会对“全面落实税收法定原则”“健全有利于高质量发展、社会公平、市场统一的税收制度”作出重要改革部署。全国人大常委会法工委将会同有关方面按照党中央决策部署，加快推进有关税收立法进程，把全面落实税收法定原则的改革任务落实好、完成好，为在法治轨道上推动高质量发展提供坚实保障。同时处理好改革和法治的关系，坚持在法治下推进改革、在改革中完善法治，实现税收立法与改革决策相衔接、相统一，根据深化税制改革需要，推动及时制定、修改相关税收法律。

第三条 在中华人民共和国境内（以下简称境内）销售货物、服务、无形资产、不动产（以下称应税交易），以及进口货物的单位和个人（包括个体工商户），为增值税的纳税人，应当依照本法规定缴纳增值税。

销售货物、服务、无形资产、不动产，是指有偿转让货物、不动产的所有权，有偿提供服务，有偿转让无形资产的所有权或者使用权。

中国财税浪子技术提示——本条是对增值税征收范围的基本规范，并且引入了“应税交易”这样一个基础性概念。应税交易和进口货物是我国征收增值税的基本盘。

一、应税交易是增值税法引入的一个基本概念

应税交易是指在中华人民共和国境内销售货物、服务、无形资产和不动产，也可以直接简单地描述为在境内销售货物、服务、无

形资产和不动产。其中“在境内”的界定，按照本法第三条的有关规定执行。在有些场合，我们也可能直接将销售货物、服务、无形资产和不动产直接称为应税交易，但是“在境内”应当是界定应税交易或者纳入增值税征收范围的一个基本要件。如果不是在境内的销售行为，其实并不属于增值税征收范围。

在营改增试点期间，销售劳务也就是提供加工修理修配劳务是作为增值税征收范围中与销售服务并列的一个单独项目，在完成增值税立法后，劳务这个概念被并入第一条所称的“服务”之中，作为服务的一部分看待，依然属于增值税的征收范围。以后，我们在描述增值税角度的加工修理修配时，也不再将其作为提供劳务，而是作为提供服务的一部分。

暂行条例第一条明确规定：“在中华人民共和国境内销售货物或者加工、修理修配劳务（以下简称劳务），销售服务、无形资产、不动产以及进口货物的单位和个人，为增值税的纳税人，应当依照本条例缴纳增值税。”暂行条例第四条也规定：“除本条例第十一条规定外，纳税人销售货物、劳务、服务、无形资产、不动产（以下统称应税销售行为），应纳税额为当期销项税额抵扣当期进项税额后的余额。”可见，在增值税法中，总体用“应税交易”替代了暂行条例的“应税销售行为”，表述更加清晰明了，便于在实际征管中有效把握。事实上，暂行条例确立的“应税销售行为”这样一个概念始终没有“深入人心”。

小贴士 增值税法施行后，对原来的销售劳务（也就是提供加工、修理修配劳务），是不是就不征收增值税了？

中国财税浪子解答： 这是一个误解。在完成增值税立法之前，我们的增值税是“一税两制”，销售货物和劳务属于原增值税范畴，而销售服务、销售无形资产和销售不动产则属于营改增试点范畴，两个方面的增值税制度存在一定的差异。提供加工、修理修配劳务因为自1994年开始就一直征收增值税，而营改增试点涉及的销售服务则是由营业税逐步转化而来，因此立法上维持了“销售劳务”和“销售服务”两套概念体系。但是，事实上劳务和服务属于同一类型，因此借助这次增值税立法的良机，实现了对劳务和服务的统一，法律上将劳务完全并入服务统一考虑。因此我们说，对销售劳务（提供加工、修理修配劳务）并不是不征收增值税，而是将其纳入销售服务统一征收增值税了。这一点，我们从增值税法第十条第一项明确规定纳税人销售加工修理修配服务税率为百分之十三，也可以非常清晰地看出或者得出这一结论。

二、增值税的征收范围不仅包括应税交易，还包括进口货物

我们在实际理解时应当将进口货物作为与应税交易并列的概念来把握。进口货物涉及的增值税主要由海关负责征收管理，具有一定的特殊性。有很多同学在学习增值税法时提出质疑，为什么立法者不将进口货物也作为一项应税交易写入法律之中？其实这个问题非常好理解，应税交易涉及的增值税纳税人是销售方，而进口货物的纳税人并不是销售方。这就自然需要将应税交易和进口货物区分开来。

另外，有不少同学在学习增值税法时提出，为什么只对进口货物征收增值税，不对进口服务、进口技术这样的无形资产征收增值税。其实，在涉及进口服务、进口技术等无形资产时，增值税法是将其纳入应税交易来征收增值税的，而不是不征收增值税。

小贴士　企业所得税法中的劳务和增值税法中的服务有什么关系？是否完全对应？

中国财税浪子解答：企业所得税法中的劳务和增值税法中的服务，其实在英语中都是service。但是汉语在表达上会在不同的场合根据不同的需要进行区分。比如在国际贸易中有“服务贸易”的概念，但是很少有人将其表述为“劳务贸易”。在营改增试点之前，我国的增值税和营业税都不约而同地采用了“应税劳务”的概念，但是在表述营业税的税目税率时又出现了“服务业”的具体征税项目。2012年营改增试点开始以后，纳入营改增试点的劳务逐步改为服务，最早纳入营改增试点的就是交通运输和现代服务业。全面营改增试点以后，服务和劳务开始“泾渭分明”，原增值税的就是劳务，营改增试点的就都是服务。

但是，我国的企业所得税法一直采用劳务的概念。企业所得税法第六条规定：“企业以货币形式和非货币形式从各种来源取得的收入，为收入总额。包括：（一）销售货物收入；（二）提供劳务收入；（三）转让财产收入；（四）股息、红利等权益性投资收益；（五）利息收入；（六）租金收入；（七）特许权使用费收入；（八）接受捐赠收入；（九）其他收入。”这里的“提供劳务收入”在企业所得税法实施条例中有解释，实施条例第十五条规定，“企业所得税法第六条第（二）项所称提供劳务收入，是指企业从事建筑安装、修理修配、交通运输、仓储租赁、金融保险、邮电通信、咨询经纪、文化体育、科学研究、技术服务、教育培训、餐饮住宿、中介代理、卫生保健、社区服务、旅游、娱乐、加工以及其他劳务服务活动取得的收入。”

不难看出，企业所得税法中的劳务，大部分对应的是营改增试点中的服务，少部分对应的是传统增值税的劳务。

2024年年底完成增值税立法以后，服务重新实现“大一统”，原来的销售劳务的概念被服务彻底吸收，全部变成服务。我们会发现，企业所得税法中的劳务全部对应的都是增值税法中的服务，但是彼此之间并不是完全对应的关系。

比如增值税法中的贷款服务形成的收入其实对应的是企业所得税法中的利息收入。企业所得税法将利息收入从劳务收入中剥离出来，单独定义、单独确定收入确认规则。比如，企业所得税法实施条例第十八条规定：“企业所得税法第六条第（五）项所称利息收入，是指企业将资金提供他人使用但不构成权益性投资，或者因他人占用本企业资金取得的收入，包括存款利息、贷款利息、债券利息、欠款利息等收入。利息收入，按照合同约定的债务人应付利息的日期确认收入的实现。”

再比如，增值税法中的直接收费金融服务和保险服务形成的收入，主要对应的还是企业所得税法中的提供劳务收入中的从事金融保险劳务服务活动取得的收入。

增值税法中有一个销售金融商品的提法，其实还是属于增值税法中销售服务的范畴。但是在企业所得税法中，销售金融商品，比如转让有价证券（股票和债券）取得的收入，往往对应着企业所得税法中的财产转让收入。企业所得税法实施条例第十六条规定：“企业所得税法第六条第（三）项所称转让财产收入，是指企业转让固定资产、生物资产、无形资产、股权、债权等财产取得的收入。”

增值税法中通常不对股息红利收入征收增值税，因此我们通常也不会将投资购买并持有股票作为增值税中的服务来看待，这个收入可以认为是天然不属于增值税的应税交易。企业所得税法实施条例明确：“企业所得税法第六条第（四）项所称股息、红利等权益性投资收益，是指企业因权益性投资从被投资方取得的收入。股息、红利等权益性投资收益，除国务院财政、税务主管部门另有规定外，按照被投资方作出利润分配决定的日期确认收入的实现。”这个权益性投资收入基本都属于增值税角度的非保本收益，不属于增值税的征收范围。

增值税中也存在租金收入，通常我们是将经营性租赁的租金收入、融资租赁服务的租金收入归为现代服务收入，而融资性售后回租服务的收入则归为贷款服务范畴。企业所得税中单独存在租金收入的概念，但是这个租金收入更接近于经营性租赁的租金收入。比如，企业所得税法实施条例第十九条规定，“企业所得税法第六条第（六）项所称租金收入，是指企业提供固定资产、包装物或者其他有形资产的使用权取得的收入。租金收入，按照合同约定的承租人应付租金的日期确认收入的实现。”

增值税中没有特许权使用费收入的概念。企业所得税法实施条例第二十条规定：“企业所得税法第六条第（七）项所称特许权使用费收入，是指企业提供专利权、非专利技术、商标权、著作权以及其他特许权的使用权取得的收入。特许权使用费收入，按照合同约定的特许权使用人应付特许权使用费的日期确认收入的实现。”如果站在增值税的角度，这个收入可以视为转让无形资产的所有权，属于销售无形资产取得的收入，这个时候在增值税上肯定不属于服务收入。当然企业所得税也肯定没有将其归为劳务收入。

所以我们说，增值税法中的销售服务收入和企业所得税法中的提供劳务收入，不能囫囵吞枣地放在一起对比。而应该具体情况具体对待，不能简单由此及彼或者非黑即白。

国家税务总局发布的税务规范性文件《企业所得税税前扣除凭证管理办法》的公告（国家税务总局公告2018年第28号）第十八条第一款规定：“企业与其他企业（包括关联企业）、个人在境内共同接受应纳增值税劳务（以下简称‘应税劳务’）发生的支出，采取分摊方式的，应当按照独立交易原则进行分摊，企业以发票和分割单作为税前扣除凭证，共同接受应税劳务的其他企业以企业开具的分割单作为税前扣除凭证。”估计起草公告的时候并没有考虑太多，公告发布以后对该条款涉及增值税劳务产生了很大的认识分歧，最初有很多税务机关倾向于对这个劳务进行狭义理解，仅适用于增值税上的加工修理修配劳务。但是如果这样理解就会导致企业所得税中通过分摊方式解决扣除凭证问题变得举步维艰。实际上，这个公告所称的劳务应该作广义理解，包括2018年这个文件出台时候的增值税中的销售劳务和销售服务，也包括企业所得税中提供劳务收入涉及的劳务。增值税法施行后，这个公告所称的劳务也应当包括增值税法中的销售服务。当然即便如此，在涉及具体细节时还会存在很多不一致的观点，或者实践中冒出新问题。

三、增值税的纳税人可以是单位，也可以是个人

增值税法本身没有对单位和个人进行系统解释，只是在最终的法律文本第三条中明确“个人（包括个体工商户）”。我们沿用过去立法的习惯，这里的单位通常是指企业、农民专业合作社、行政单位、事业单位、军事单位、社会团体、基金会、社会服务机构（民办非企业单位）以及没有被一一列举的其他单位[①]。个人通常是指个体工商户和自然人，这里的自然人类似于暂行条例中的其他个人。增值税法第三条中“个人（包括个体工商户）”实际是明确了个体工商户属于纳税人中的个人范畴，而不是单位范畴。当然，如果在增值税法律文本中描述为“个人（包括个体工商户，下同）”可能会更加严谨一些。在民法中，典型的民事主体包括自然人、法人和非法人组织。在增值税法中，法人和非法人组织如果发生应税交易，通常属于纳税人中的单位范畴。自然人如果发生应税交易，通常属于纳税人中的个人范畴。

实务中比较容易混淆的地方在于，个人独资企业、合伙企业也是属于增值税中的单位纳税人。比如某合伙企业发生增值税应税交

① 学习注释——《中华人民共和国增值税暂行条例实施细则》第九条规定：“条例第一条所称单位，是指企业、行政单位、事业单位、军事单位、社会团体及其他单位。条例第一条所称个人，是指个体工商户和其他个人。”

易，需要依法缴纳增值税，此时的增值税纳税人就是合伙企业自身，而不是合伙企业的合伙人。[①]

根据《财政部 税务总局关于资管产品增值税有关问题的通知》（财税〔2017〕56号）第一条规定：资管产品管理人运营资管产品过程中发生的增值税应税行为，暂适用简易计税方法，按照3%的征收率缴纳增值税。资管产品管理人，包括银行、信托公司、公募基金管理公司及其子公司、证券公司及其子公司、期货公司及其子公司、私募基金管理人、保险资产管理公司、专业保险资产管理机构、养老保险公司。资管产品，包括银行理财产品、资金信托（包括集合资金信托、单一资金信托）、财产权信托、公开募集证券投资基金、特定客户资产管理计划、集合资产管理计划、定向资产管理计划、私募投资基金、债权投资计划、股权投资计划、股债结合型投资计划、资产支持计划、组合类保险资产管理产品、养老保障管理产品。财政部和税务总局规定的其他资管产品管理人及资管产品。这里的资管产品主要是指以类似于营业性信托形式体现的各类资产管理产品，不具备民法典所规定的独立的民事主体资格，也不属于增值税中的纳税人范畴，但是资管产品的管理人通常都属于增值税

① 学习注释——根据《财政部 国家税务总局关于合伙企业合伙人所得税问题的通知》（财税〔2008〕159号）规定，本通知所称合伙企业是指依照中国法律、行政法规成立的合伙企业。合伙企业以每一个合伙人为纳税义务人。合伙企业合伙人是自然人的，缴纳个人所得税；合伙人是法人和其他组织的，缴纳企业所得税。合伙企业生产经营所得和其他所得采取“先分后税”的原则。具体应纳税所得额的计算按照《关于个人独资企业和合伙企业投资者征收个人所得税的规定》（财税〔2000〕91号）及《财政部 国家税务总局关于调整个体工商户个人独资企业和合伙企业个人所得税税前扣除标准有关问题的通知》（财税〔2008〕65号）的有关规定执行。前款所称生产经营所得和其他所得，包括合伙企业分配给所有合伙人的所得和企业当年留存的所得（利润）。

中的单位纳税人[①]范畴。比如，私募投资基金（契约型基金）尽管不具备民事主体资格，也不属于增值税纳税人，但是其在运营业务发生的应税交易（应税行为）以管理人为增值税纳税人。契约型基金的管理人可能是一个合伙企业，也可能是一个公司，但都属于增值税中的单位纳税人。

四、对应税交易中“销售”的理解

应税交易都是以销售形式展现的。销售货物、服务、无形资产、不动产，是指有偿转让货物、不动产的所有权，有偿提供服务，有偿转让无形资产的所有权或者使用权。这里的销售是指有偿转让，而有偿又是指通过销售取得全部货币或者非货币形式的经济利益[②]。对于销售货物、服务和不动产，转让的都是这些标的（对象）的所有权，但是对于无形资产的转让，既包括转让无形资产所有权，也包括转让无形资产使用权。

五、无偿提供服务天然不是应税交易

单位或者个体工商户无偿向其他单位或者个人提供服务，通常不会收取对价，不是增值税法第三条第二款所称的“有偿提供服

① 学习注释——根据国务院制定的《私募投资基金监督管理条例》第七条第一款规定：“私募基金管理人由依法设立的公司或者合伙企业担任”，因此私募基金的管理人都是增值税意义上的单位，自然人和个体工商户不能担任私募投资基金的管理人。

② 学习注释——《中华人民共和国增值税暂行条例实施细则》第三条第三款规定：“本细则所称有偿，是指从购买方取得货币、货物或者其他经济利益。”《中华人民共和国消费税暂行条例实施细则》第五条第二款规定：“前款所称有偿，是指从购买方取得货币、货物或者其他经济利益。”

务”，不属于应税交易。中国财税浪子认为，此类业务不符合增值税法第三条对销售服务和应税交易的定义，天然不属于增值税征收范围，也可以称为天然不是应税交易，不对其征收增值税。对于不符合增值税法第三条第二款“应税交易”定义的各类行为，都可以概括为天然不是应税交易。

小贴士 增值税法施行后，有没有特许权使用费的概念，收取特许权使用费是否属于增值税征收范围？

中国财税浪子解答： 无论是完成增值税立法之前，还是增值税法施行之后，在增值税法、暂行条例等基础性文件中都没有特许权使用费[①]的概念。增值税的概念体系涉及基础设施资产经营权、公共事业特许权、特许经营权等，但是也从未使用特许权使用费的概念。我们理解，特许权使用费，比如专利技术使用的许可，也会收取相应的许可使用费用，该行为属于增值税法中的销售无形资产，虽然销售无形资产或者有偿转让无形资产都包含转让无形资产使用权，但是我们也不建议在增值税上将有偿转让无形资产使用权称为“特许权使用费”。

六、支付生活费、外币兑换等是否属于应税交易

这是一位喜欢钻研的同学的提问。家长给孩子打学费、生活费一万美元，该小孩在美国上学，是否可以认为是在转让外汇，是否

① 学习注释——企业所得税法中有特许权使用费的概念。企业所得税法实施条例第二十条规定：“企业所得税法第六条第（七）项所称特许权使用费收入，是指企业提供专利权、非专利技术、商标权、著作权以及其他特许权的使用权取得的收入。特许权使用费收入，按照合同约定的特许权使用人应付特许权使用费的日期确认收入的实现。”

属于应税交易？中国财税浪子回答：案例中家长向孩子支付学习和生活费用，无论是采用美元支付，还是采用人民币支付，这里的美元实际上是支付手段，不是交易的标的，因此该项用美元支付的行为不属于应税交易，不需要征收增值税。

这个问题其实是可以进行进一步引申讨论的。比如，美元对人民币的汇率是7.0089，单位买入1000万美元，支付人民币7008.9万元。后来，美元对人民币汇率涨到7.3015，单位卖出1000万美元，收进人民币7301.5万元，赚取美元外汇转让价差7301.5-7008.9=292.6万元。这个差价属于外汇转让差价，也就是金融商品转让的收益，需要按照销售金融商品，也就是一种服务，计算缴纳增值税。这里的美元属于应税交易的标的，并不是支付手段，转让美元属于增值税的征收范围。

再比如，甲公司通过出口外销货物赚取100万美元的外汇，按照国家外汇管理的要求实行结汇，兑换成人民币。这里的100万美元是甲公司销售货物收取的对价，并不是交易标的。同时，该单位将美元兑换为人民币实际上还是对对价进行币种转换。中国财税浪子认为，此时的美元兑换行为同样不构成甲公司的交易标的，不构成应税交易，无需缴纳增值税。

小贴士 国家市场监督管理总局令第95号《公司登记管理实施办法》第六条规定："法律对数据、网络虚拟财产的权属等有规定的，股东可以按照规定用数据、网络虚拟财产作价出资。"请问，如果境内单位股东按照法律规定用数据、网络虚拟财产作价出资，按照增值税法是否纳入应税交易缴纳增值税？

中国财税浪子解答：增值税法第三条规定将需要征税的在境内发生的应税交易界定为有偿转让货物、服务、无形资产和不动产。通常来说，数据、网络虚拟财产可以构成这里的无形资产。按照增值税法规定，如果数据、网络虚拟财产属于应税无形资产，考虑到用这些财产出资作价入股，对于股东而言属于有偿转让这些应税财产，此时应该直接判定为属于发生应税交易，需要按照增值税法的规定缴纳增值税。按照增值税法的规定，如果这些数据、网络虚拟财产不构成增值税上的无形资产，也不构成货物、服务或者不动产，则此时股东即使以这些财产作价入股，也不构成应税交易，不属于增值税的征税范围，无需征收增值税。

第四条 在境内发生应税交易，是指下列情形：

（一）销售货物的，货物的起运地或者所在地在境内；

（二）销售或者租赁不动产、转让自然资源使用权的，不动产、自然资源所在地在境内；

（三）销售金融商品的，金融商品在境内发行，或者销售方为境内单位和个人；

（四）除本条第二项、第三项规定外，销售服务、无形资产的，服务、无形资产在境内消费，或者销售方为境内单位和个人。

中国财税浪子技术提示——本条是对应税交易基本构成要件的“在境内”进行的解释和界定。只有在境内发生的销售货物、服务、无形资产和不动产才属于增值税的征收范围。

一、对“在境内”解释的新旧变化（见表1）

表1

应税交易	增值税法（新）	暂行条例等（旧）	对比变化与提示
1.销售货物	起运地或者所在地在境内	销售货物的起运地或者所在地在境内	属地原则
2.销售不动产	不动产在境内	所销售的不动产在境内	属地原则
3.租赁不动产	不动产在境内	所租赁的不动产在境内	属地原则
4.转让自然资源使用权	自然资源所在地在境内	所销售自然资源使用权的自然资源在境内	属地原则
5.销售金融商品	金融商品在境内发行或者销售方为境内单位或个人	服务的销售方或者购买方在境内	属地原则+属人原则，原为属人原则
6.销售服务（不含3、5）	服务在境内消费或者销售方为境内单位和个人	服务（租赁不动产除外）的销售方或者购买方在境内	属地原则+属人原则，原为属人原则
7.销售无形资产（不含4）	无形资产在境内消费或者销售方为境内单位和个人	无形资产（自然资源使用权除外）的销售方或者购买方在境内	属地原则+属人原则，原为属人原则

另外，《财政部 税务总局关于全面推开营业税改征增值税试点的通知》（财税〔2016〕36号）附件1《营业税改征增值税试点实施办法》第十三条规定：“下列情形不属于在境内销售服务或者无形资产：（一）境外单位或者个人向境内单位或者个人销售完全在境外发生的服务。（二）境外单位或者个人向境内单位或者个人销售完全在境外使用的无形资产。（三）境外单位或者个人向境内单位或者个人出租完全在境外使用的有形动产。（四）财政部和国家税务总局规

定的其他情形。”根据《国家税务总局关于营改增试点若干征管问题的公告》（国家税务总局公告2016年第53号）第一条补充规定：“境外单位或者个人发生的下列行为不属于在境内销售服务或者无形资产：（一）为出境的函件、包裹在境外提供的邮政服务、收派服务；（二）向境内单位或者个人提供的工程施工地点在境外的建筑服务、工程监理服务；（三）向境内单位或者个人提供的工程、矿产资源在境外的工程勘察勘探服务；（四）向境内单位或者个人提供的会议展览地点在境外的会议展览服务。”

还有，《中华人民共和国增值税暂行条例实施细则》第八条规定：“条例第一条所称在中华人民共和国境内（以下简称境内）销售货物或者提供加工、修理修配劳务，是指：（一）销售货物的起运地或者所在地在境内；（二）提供的应税劳务发生在境内。”这里的应税劳务是指加工、修理修配劳务。如果加工、修理修配劳务在中国境内发生，则属于在境内销售劳务，需要在我国缴纳增值税。按照增值税法规定，这部分加工、修理修配劳务也同样修改为服务，可以称其为加工、修理修配服务。加工、修理修配服务的判定规则也相应修改为要看消费地是否在我国境内以及销售方是否为我国境内的单位和个人。比如，中国内地某航空公司的飞机飞到美国西雅图请美国的波音公司进行修理，按照实施细则规定，该修理劳务发生在境外，不属于暂行条例所称在境内提供加工、修理修配劳务，不属于增值税征收范围，无需征收增值税。但是立法完成后，按照增值税法的规定，要遵循“消费地”原则，要看该项修理服务的消费地是否在我国境内。如果界定为消费地在境内，则该项美国公司提供的修理服务需要依据中国税法计算缴纳增值税；如果消费地不在我国境内，则不属于我国的应税交易，无需缴纳中国的增值税。

二、对“在境内”解释的具体应用

1.甲公司注册在中国天津东疆保税区，主要从事离岸贸易业务。甲公司从日本企业采购机床销售到东南亚地区，这些销售的机床不进入中国关境，而是从日本直接发货到东南亚的终端买家。中国境内甲公司在账务处理上将从东南亚买家获得的销售款确认为主营业务收入，将支付给或者应支付给日本供应商的货款确认为主营业务成本，但是从未向中国天津的税务当局申报或者缴纳过增值税。在完成增值税立法之前，依据暂行条例第一条规定，在中华人民共和国境内销售货物或者加工、修理修配劳务，销售服务、无形资产、不动产以及进口货物的单位和个人，为增值税的纳税人，应当依照本条例缴纳增值税。实施细则第八条进一步明确：“条例第一条所称在中华人民共和国境内（以下简称境内）销售货物或者提供加工、修理修配劳务，是指：（一）销售货物的起运地或者所在地在境内；（二）提供的应税劳务发生在境内。”据此，天津甲公司发生的离岸转口贸易业务，不属于在中国境内销售货物，不属于增值税征收范围。增值税法施行后，根据新法第三条第一项“货物的起运地或者所在地在境内”的判定标准，天津甲公司发生的该项离岸贸易活动，起运地不在我国境内，货物本身的所在地也不在我国境内，同样不属于在我国境内销售货物，不构成应税交易，无需缴纳增值税。

2.国家税务总局福建省税务局曾经在2020年3月9日发布的《2020年2月12366咨询热点难点问题集》中就“外籍个人在境外为境内企业提供代售货物、推广服务，需要代扣代缴增值税吗？”作出解答。具体答复内容如下：

根据《财政部 税务总局关于全面推开营业税改征增值税试点的通知》（财税〔2016〕36号）附件1《营业税改征增值税试点实施办

法》规定："第十二条　在境内销售服务、无形资产或者不动产，是指：（一）服务（租赁不动产除外）或者无形资产（自然资源使用权除外）的销售方或者购买方在境内……第十三条　下列情形不属于在境内销售服务或者无形资产：（一）境外单位或者个人向境内单位或者个人销售完全在境外发生的服务……"根据十二条、十三条规定，"完全在境外发生的业务"是指构成销售行为的全部要素都必须在境外，即应同时符合以下条件：（一）服务（租赁不动产除外）或者无形资产（自然资源使用权除外）的销售方（单位或者个人）在境外提供；（二）服务（租赁不动产除外）或者无形资产（自然资源使用权除外）的购买方（单位或者个人）在境外接受；（三）购买方接受境外应税行为时付款的地址、电话、银行所在地、服务发生地等要素均在境外。因此，由于服务的购买方在境内，不属于完全在境外发生的业务，购买方需要代扣代缴增值税。

中国财税浪子认为，福建省税务局该项答复的特点是不仅仅看该项外籍个人提供的服务本身的发生过程是否在境外，比如服务发生时销售方是否在境外，服务发生时购买方是否在境外，而且还关注购买方的付款要素是否在境外。总体来说，关注"购买方接受境外应税行为时付款的地址、电话、银行所在地、服务发生地等要素均在境外"不具备充足的政策依据。该答复实质上不是在解释"完全在境外发生"，而是解释"完全在境外消费"。

增值税法施行后，外籍个人在境外为境内企业提供代售货物、推广服务，按照增值税法第四条"销售服务、无形资产的，服务、无形资产在境内消费"的规定判断，如果认为该项服务在境内消费，则属于在境内发生应税交易，属于我国增值税的征收范围。如果认为该项服务不是在境内消费，则不属于在境内发生的应税交易，不属于我国增值税的征收范围。具体的在境内消费或者消费地的标准有可能在后续的增值税配套文件制定中得到明确。

3.关于转让H股股票的增值税问题。这里的H股公司在境内注册成立，在香港证券交易所上市。在上海市注册的甲公司属于国内增值税一般纳税人，买入上述H股上市公司股票后又卖出，这种股票转让是否属于增值税法所称的应税交易，是否需要缴纳增值税？

在完成增值税立法之前，根据实施办法第十二条规定："在境内销售服务、无形资产或者不动产，是指：（一）服务（租赁不动产除外）或者无形资产（自然资源使用权除外）的销售方或者购买方在境内；（二）所销售或者租赁的不动产在境内；（三）所销售自然资源使用权的自然资源在境内；（四）财政部和国家税务总局规定的其他情形。"考虑到股票转让是按照金融商品转让缴纳增值税的，而且被归入金融服务之中，因此实务中有部分纳税人按照服务的属人原则，考虑到是境内单位在转让香港上市公司股票，直接将其判定为属于在境内发生金融服务，纳入增值税征收范围，并据以计算缴纳增值税。还有一部分纳税人认为通过证券交易所平台转让香港上市公司股票，交易行为和过程在境外发生，认为不属于增值税征收范围，也没有主动申报缴纳增值税。

增值税法正式施行后，实际情况存在一定的变化。按照《中华人民共和国证券法》第二百二十四条规定："境内企业直接或者间接到境外发行证券或者将其证券在境外上市交易，应当符合国务院的有关规定。"经国务院批准，中国证券监督管理委员会公告〔2023〕43号公布了《境内企业境外发行证券和上市管理试行办法》，自2023年3月31日起施行。《境内企业境外发行证券和上市管理试行办法》第二条规定："境内企业直接境外发行上市，是指在境内登记设立的股份有限公司境外发行上市。"境内注册企业在香港上市的H股股票，虽然发行人为境内企业，但是该项股票属于在香港发行，不属于增值税法所称的金融商品在境内发行，无法按照属地原则纳入增值税征收范围。但是由于增值税法同时规定了属人原则（销售方为境内单位或个人），本案例显然属于境内单位在销售（转让）股票，据此可以判定在境内发生应税交易，属于增值税征收范围，需要按照规定计算缴纳增值税。

小贴士 增值税法第四条规定，销售金融商品的，金融商品在境内发行，属于在境内发生应税交易，请问是不是意味着以后对于在境内发行金融商品，比如发行公司债券、发行股票、发行证券投资基金也要开始征收增值税了？

中国财税浪子解答：这是一种误解，增值税法第四条明确销售金融商品的，金融商品在国内发行，属于在境内发生应税交易，但是该项规定还是针对在境内销售（有偿转让）金融商品征收增值税，而不是对发行金融商品征收增值税。发行债券、发行股票、发行证券投资基金等都属于募集资金的行为，不涉及销售货物、销售服务、销售无形资产和销售不动产，不属于应税交易，其所募集的资金也不属于需要缴纳增值税的收入，无需缴纳增值税。即使没有对增值税立法，根据营改增试点政策，发行股票、发行公司债券、发行企业债券、发行证券投资基金等各类资管产品都属于募集资金的行为，都不属于增值税的征税范围。

另外，还有一些读者朋友咨询，增值税法施行后销售金融商品的征收范围是否会发生变化？我理解，这个问题单纯从增值税法的相关条文无法进行判断和回答。总体来看，增值税法中的销售金融商品应当是立法完成前在增值税制度中金融商品转让的结转体现。金融商品转让，是指转让外汇、有价证券、非货物期货和其他金融商品所有权的业务活动。其他金融商品转让包括基金、信托、理财产品等各类资产管理产品和各种金融衍生品的转让。当然，既然增值税法提出了销售金融商品这样一个概念或者定义，应当对其内涵和外延进行明确。

4.关于消费地的思考。增值税法针对跨境销售服务，明确了在境内消费的消费地标准。但是这个标准如何执行、如何细化还有待进一步确认。比如参考国际上的一些立法技术，如果是基于B2B的服务，主要是看服务接收方的实际经营场所在哪里，比如美国公司有偿向中国公司提供服务，那就以中国公司实际经营场所所在地作为消费地。如果是基于B2C的服务，主要是看服务提供方的实际经营场所在哪里，比如美国公司有偿向中国自然人提供服务，那就以美国公司实际经营场所所在地作为消费地。

在原营业税时代，《财政部 国家税务总局关于个人金融商品买卖等营业税若干免税政策的通知》（财税〔2009〕111号）第四条曾经规定："境外单位或者个人在境外向境内单位或者个人提供的完全发生在境外的《中华人民共和国营业税暂行条例》[①]（国务院令第540号，以下简称条例）规定的劳务，不属于条例第一条所称在境内提供条例规定的劳务，不征收营业税。上述劳务的具体范围由财政部、国家税务总局规定。根据上述原则，对境外单位或者个人在境外向境内单位或者个人提供的文化体育业（除播映），娱乐业，服务业中的旅店业、饮食业、仓储业，以及其他服务业中的沐浴、理发、洗染、裱画、誊写、镌刻、复印、打包劳务，不征收营业税。"这部分劳务在营业税时代的特点是需要在现场提供，对于这些需要在现场提供的劳务，在营业税时代是直接将其提供劳务的过程所在地作为消费地看待的。这一点对于增值税法的启示是可以将增值税的服务区分为两种类型，第一类是上述现场提供的服务，继续以提供服务的地点作为消费地；第二类是需要远程提供的服务，比如咨询、金融、软件信息服务等，可以按照接受服务方所在地作为消费地。

① 学习注释——《中华人民共和国营业税暂行条例》已经废止。

三、增值税、企业所得税、个人所得税、印花税等不同税种对“在境内”或者来源地判定的规范比较（见表2）

表2

税种	具体规定	提示
增值税	增值税法第四条　在境内发生应税交易，是指下列情形： （一）销售货物的，货物的起运地或者所在地在境内； （二）销售或者租赁不动产、转让自然资源使用权的，不动产、自然资源所在地在境内； （三）销售金融商品的，金融商品在境内发行，或者销售方为境内单位和个人； （四）除本条第二项、第三项规定外，销售服务、无形资产的，服务、无形资产在境内消费，或者销售方为境内单位和个人。	明确了在境内发生应税交易的标准
企业所得税	企业所得税法实施条例第七条　企业所得税法第三条所称来源于中国境内、境外的所得，按照以下原则确定： （一）销售货物所得，按照交易活动发生地确定； （二）提供劳务所得，按照劳务发生地确定； （三）转让财产所得，不动产转让所得按照不动产所在地确定，动产转让所得按照转让动产的企业或者机构、场所所在地确定，权益性投资资产转让所得按照被投资企业所在地确定； （四）股息、红利等权益性投资所得，按照分配所得的企业所在地确定； （五）利息所得、租金所得、特许权使用费所得，按照负担、支付所得的企业或者机构、场所所在地确定，或者按照负担、支付所得的个人的住所地确定； （六）其他所得，由国务院财政、税务主管部门确定。	

续表

税种	具体规定	提示
企业所得税	关于非居民企业所得税源泉扣缴有关问题的公告（国家税务总局公告2017年第37号） 十六、扣缴义务人所在地主管税务机关为扣缴义务人所得税主管税务机关。 对企业所得税法实施条例第七条规定的不同所得，所得发生地主管税务机关按以下原则确定： （一）不动产转让所得，为不动产所在地国税机关。 （二）权益性投资资产转让所得，为被投资企业的所得税主管税务机关。 （三）股息、红利等权益性投资所得，为分配所得企业的所得税主管税务机关。 （四）利息所得、租金所得、特许权使用费所得，为负担、支付所得的单位或个人的所得税主管税务机关。	出于确定扣缴义务人主管税务机关的需要，提出了所得发生地的概念
个人所得税法	个人所得税法实施条例第三条　除国务院财政、税务主管部门另有规定外，下列所得，不论支付地点是否在中国境内，均为来源于中国境内的所得： （一）因任职、受雇、履约等在中国境内提供劳务取得的所得； （二）将财产出租给承租人在中国境内使用而取得的所得； （三）许可各种特许权在中国境内使用而取得的所得； （四）转让中国境内的不动产等财产或者在中国境内转让其他财产取得的所得； （五）从中国境内企业、事业单位、其他组织以及居民个人取得的利息、股息、红利所得。	
	关于境外所得有关个人所得税政策的公告（财政部 税务总局公告2020年第3号） 一、下列所得，为来源于中国境外的所得： （一）因任职、受雇、履约等在中国境外提供劳务取得的所得； （二）中国境外企业以及其他组织支付且负担的稿酬所得； （三）许可各种特许权在中国境外使用而取得的所得； （四）在中国境外从事生产、经营活动而取得的与生产、经营活动相关的所得；	

续表

税种	具体规定	提示
个人所得税法	（五）从中国境外企业、其他组织以及非居民个人取得的利息、股息、红利所得； （六）将财产出租给承租人在中国境外使用而取得的所得； （七）转让中国境外的不动产、转让对中国境外企业以及其他组织投资形成的股票、股权以及其他权益性资产（以下称权益性资产）或者在中国境外转让其他财产取得的所得。但转让对中国境外企业以及其他组织投资形成的权益性资产，该权益性资产被转让前三年（连续36个公历月份）内的任一时间，被投资企业或其他组织的资产公允价值50%以上直接或间接来自位于中国境内的不动产的，取得的所得为来源于中国境内的所得； （八）中国境外企业、其他组织以及非居民个人支付且负担的偶然所得； （九）财政部、税务总局另有规定的，按照相关规定执行。	对个人所得税法实施条例的来源地标准进行了补充和完善
印花税	关于印花税若干事项政策执行口径的公告（财政部 税务总局公告2022年第22号） 二、关于应税凭证的具体情形 （一）在中华人民共和国境外书立在境内使用的应税凭证，应当按规定缴纳印花税。包括以下几种情形： 1.应税凭证的标的为不动产的，该不动产在境内； 2.应税凭证的标的为股权的，该股权为中国居民企业的股权； 3.应税凭证的标的为动产或者商标专用权、著作权、专利权、专有技术使用权的，其销售方或者购买方在境内，但不包括境外单位或者个人向境内单位或者个人销售完全在境外使用的动产或者商标专用权、著作权、专利权、专有技术使用权； 4.应税凭证的标的为服务的，其提供方或者接受方在境内，但不包括境外单位或者个人向境内单位或者个人提供完全在境外发生的服务。	明确了境外书立在境内使用的应税凭证的标准
消费税	中华人民共和国消费税暂行条例实施细则第二条第三款　条例第一条所称在中华人民共和国境内，是指生产与委托加工和进口属于应当缴纳消费税的消费品的起运地或者所在地在境内。	与增值税法保持一致

如何判断应税交易是否发生在中国境内不仅是我国增值税法施行中必然会遇到的困难问题，在国际上其实也是需要不断探索的重要税收征管难点。我们来看一则欧盟增值税的案例，摘选自国家税务总局官网海外税收案例库，发布日期为2024年9月30日。

小贴士 欧盟：代工制造商不构成课征增值税的固定机构

关键词 德国 罗马尼亚 固定机构 增值税 欧盟

中国财税浪子解答：该案例由国家税务总局贵州省税务局编译，国家税务总局浙江省税务局审校。

一、案例简介

德国A公司与罗马尼亚B公司均为某跨国汽车配件供应商的成员公司。A公司与B公司签订汽车座椅组件制造合同，A公司全程保留原材料、中间品和成品的所有权，B公司作为代工制造商，为A公司代工汽车座椅组件切割和缝纫，同时提供辅助性活动，如货物管理和储存等。A公司直接由B公司的场所向汽车制造商提供成品。2024年6月，欧盟法院就B公司作为代工制造商是否应被视为A公司的固定机构缴纳增值税问题作出判决（案件编号：C-533/22）。法院认为，尽管此案存在特殊情况，但代工制造商不构成课征增值税的固定机构。

二、争议焦点

B公司认为，其代工制造服务适用欧盟增值税体系下的反向征收机制（Reverse Charge Mechanism），即在服务接收者A公司所在地申报缴纳增值税。因此，不应在罗马尼亚征税，而应在A公司所在地德国征税。

罗马尼亚税务机关认为，根据罗马尼亚第227/2015号法律第266(2)(b)条规定，构成固定机构的关键条件是该机构在罗马尼亚境内拥有足够开展日常业务的技术及人力资源。由于A公司可以持续使用B公司的人力和技术资源，且B公司的员工与A公司的客户和供应商联系，代表A公司与第三方打交道，因此，B公司构成A公司在罗马尼亚的固定机构，该代工制造服务应在罗马尼亚缴纳增值税。

罗马尼亚法院对罗马尼亚税务机关的解释存疑，因此将该案移送欧盟法院，请求其作出裁决。

三、最终裁决

欧盟法院裁定B公司不构成课征增值税的固定机构，并给出了三方面判定理由：

一是不能仅因两家公司属于同一集团或签订服务合同而将一方认定为另一方的固定机构，这已是欧盟法院固定机构判例中的既定原则。本案中，B公司是独立的经济利益主体，而不是A公司的受控方，不构成A公司的固定机构。

二是欧盟增值税固定机构被严格区分为两类：一种是被认定为服务接受方经营地的“购买型固定机构”，另一种是被认定为服务提供方经营地的“销售型固定机构”，而认定这两类固定机构的条件必须完全区分。本案中，B公司既不构成A公司的购买型固定机构，也不构成A公司的销售型固定机构。

三是同一人力和技术资源不能同时用于提供服务和接受服务。本案中，B公司相同的人力和技术资源不能同时用于为B公司提供服务和为A公司接受服务，且B公司的货物管理服务仅为其代工制造服务的辅助性服务，不能证明B公司在代A公司行事，因此B公司不应构成A公司的固定机构。

四、对“走出去”企业的启示

一是充分了解东道国税收概念和税制差异。如，该案所称的固定机构，即Fixed establishment，是在欧盟增值税体系中，按照目的地原则，以服务接受者所在地作为服务使用地，来判定非居民企业是否负有增值税纳税义务的重要概念。《欧盟理事会第2006/112/EC号指令》规定，固定机构主要有两种类型，分别是购买型固定机构以及销售型固定机构，但并未确定固定机构的构成要素，因此只能通过欧盟法院的判例来总结固定机构概念的构成要素。上述税法概念、征税规则和适用原则均与我国存在差异，因此“走出去”企业应当充分了解东道国税制，避免因对政策理解偏差而带来税收风险。

二是明确区分“固定机构”和“常设机构”两个概念的差别，避免跨税种交叉混用。欧盟增值税体系中所指的“固定机构”与税收协定中的“常设机构”，即Permanent establishment，两个概念相似，但并不完全一致。固定机构主要用于在欧盟各税收管辖区之间分配增值税征税权；常设机构是通过税收协定确定缔约一方对缔约另一方税收居民企业利润的征税权。“走出去”企业在境外经营时应当厘清二者区别，避免因盲目类比借鉴税收协定中常设机构概念，造成概念混同及适用失当。

三是在欧盟开展经营活动时应关注法律确定性和合规性。在欧盟反向征收机制（Reverse Charge Mechanism）下，纳税责任由供应商转移到客户，以避免出现双重征税或双重不征税问题。本案中，罗马尼亚税务机关以国内法为判断标准，认定构成固定机构，服务应在罗马尼亚征税，但欧盟法院采用欧盟法律标准，裁定不构成固定机构，服务应在德国征税。对于“走出去”企业而言，应充分了解投资经营所在国家（地区）的国内法及国际法有关规定，有效维护自身合法权益。

第五条 有下列情形之一的，视同应税交易，应当依照本法规定缴纳增值税：

（一）单位和个体工商户将自产或者委托加工的货物用于集体福利或者个人消费；

（二）单位和个体工商户无偿转让货物；

（三）单位和个人无偿转让无形资产、不动产或者金融商品。

中国财税浪子技术提示——视同应税交易类似于过去的“视同销售”。本条规定是将原本不属于应税交易的若干情形拟制为应税交易，实际上是将这些原本不属于增值税征收范围的事项作为视同应税交易纳入增值税的征收范围。由于拟制应税交易实际上属于变相扩大增值税征收范围，依据税收法定的原则，需要在法律中明确作出规定，因此增值税法对拟制应税交易的具体情形进行了明确列举，而且不设置兜底条款。

一、回顾一下增值税视同销售的界定范围

实施细则第四条规定：“单位或者个体工商户的下列行为，视同销售货物：（一）将货物交付其他单位或者个人代销；（二）销售代销货物；（三）设有两个以上机构并实行统一核算的纳税人，将货物从一个机构移送其他机构用于销售，但相关机构设在同一县（市）的除外；（四）将自产或者委托加工的货物用于非增值税应税项目；（五）将自产、委托加工的货物用于集体福利或者个人消费；（六）将自产、委托加工或者购进的货物作为投资，提供给其他单位或者个体工商户；（七）将自产、委托加工或者购进的货物分配给股东或者投资者；（八）将自产、委托加工或者购进的货物无偿赠送其他单位或者个人。”

实施办法第十四条规定：“下列情形视同销售服务、无形资产或者不动产：（一）单位或者个体工商户向其他单位或者个人无偿提供服务，但用于公益事业或者以社会公众为对象的除外。（二）单位或者个人向其他单位或者个人无偿转让无形资产或者不动产，但用于公益事业或者以社会公众为对象的除外。（三）财政部和国家税务总局规定的其他情形。”

小贴士 企业在出售产品的同时提供免费保修服务，是常见的营销方式。在实际业务中，为了留住客户，很多企业常常在产品超出保修期后继续免费提供保修服务。产品保修期内的免费保修服务是销售合同的一部分，但是超出保修期仍然免费提供设备零配件或维修服务，按照税法有关规定视同销售行为，必须依法纳税。某计划单列市税务局查出了一起"超期免费提供保修服务却未申报收入纳税"的案件。

中国财税浪子解答：经了解，甲公司成立于2011年，是一家从事电力成套设备制造销售的企业。乙公司是甲公司的重要客户，双方在设备销售合同中约定，甲公司在保修期内为乙公司免费提供保修服务，保修期为1年。为了维护与客户的良好关系，在超出保修期之后，甲公司依然为乙公司免费提供维修用的设备零配件。2013年至2014年，甲公司未缴纳增值税的收入金额累计达11万余元。税务机关向甲公司共追缴增值税34万余元，并处罚款18万余元。

税务机关在处理这个案例时给出了一系列的理由，其中有两个处理的理由比较重要：第一个是实施细则第四条第八款规定，单位或者个体工商户将自产、委托加工或者购进的货物无偿赠送给其他单位或者个人，视同销售货物。本案中，甲公司应当根据该规定将合同外无偿赠送给客户的设备零配件视同销售货物，并及时进行申报纳税。第二个是实施办法第十四条规定，单位或者个体工商户向其他单位或者个人无偿提供服务，单位或者个人向其他单位或者个人无偿转让无形资产或者不动产，视同销售服务、无形资产或者不动产，但用于公益事业或者以社会公众为对象的除外。在营改增试点期间，纳税人无偿提供服务同样视同销售服务，也应及时申报缴纳增值税。如果企业超出合同约定的保修期仍旧向客户提供免费的零配件或保修服务，应及时申报缴纳增值税。这个案例中的甲公司最终按照税务机关的要求补缴了相应的税款。

但是这个案例在完成增值税立法之前，在具体处理上还是存在一定争议的。首先，这个案例中超出保修期免费提供维修用的设备零配件，基本不会涉及营改增试点中的销售服务，处理这个案例引用《营业税改征增值税试点实施办法》其实并不合适。其次，免费提供维修用的设备零配件可能涉及无偿转移货物或者无偿提供修理修配劳务（维修对象是电力配套设备）。按照实施细则规定，修理修配是指受托对损伤和丧失功能的货物进行修复，使其恢复原状和功能的业务。如果甲公司是基于所销售的成套电力设备发生功能损伤或者丧失功能而进行修复，肯定是属于暂行条例中的销售劳务，而不是销售服务，但是在实施细则中销售劳务并不存在视同销售的问题，因此如果是在设备发生功能损害的情况下甲公司无偿提供修理修配劳务并且提供修理修配所必需的零配件，根本不存在视同销售的问题。如果甲公司销售合同约定，并不提供保修服务，而是直接无偿提供一部分零部件，供客户自行使用，这才属于无偿转让货物，才需要依据实施细则的规定作为视同销售货物处理。

增值税法施行后，提供加工、修理修配服务改为纳入销售服务，但是增值税法第五条已经将无偿提供服务排除在视同应税交易之外。如果我们继续认可该项服务仍然属于加工、修理修配服务，即使超出合同保修期无偿提供零配件，应该界定为不属于应税交易，也无需视同应税交易，不属于增值税的征税范围，还是不应该征收增值税。如果将上述无偿提供零备件的情形定性为转让货物，而不是提供加工修理修配劳务，则可按增值税法第五条第二项的规定按照无偿转让货物作为视同应税交易来征收增值税。

需要补充说明的是，在完成增值税立法之前，《国家税务总局关于明确中外合作办学等若干增值税征管问题的公告》（国家税务总局公告2018年第42号）第六条规定："一般纳税人销售自产机器设备的同时提供安装服务，应分别核算机器设备和安装服务的销售额，安装服务可以按照甲供工程选择适用简易计税方法计税。一般纳税人销售外购机器设备的同时提供安装服务，如果已经按照兼营的有关规定，分别核算机器设备和安装服务的销售额，安装服务可以按照甲供工程选择适用简易计税方法计税。纳税人对安装运行后的机器设备提供的维护保养服务，按照'其他现代服务'缴纳增值税。"实务中也有可能将上述案例中甲公司超过保修期提供零部件视为维护保养服务，即"其他现代服务"，如果按照服务来看待，在营改增试点期间的处理结果也会有所不同。本书的讨论是基于本案例初始描述中已经明确强调保修服务、超过保修期，维修用的零备件等基本情况，不采用此类将其视为"其他现代服务"的观点，而是将其看做是修理修配。

二、对增值税法确定的三类视同应税交易的理解

1.单位和个体工商户将自产或者委托加工的货物用于集体福利或者个人消费。此类行为中将货物用于集体福利或者个人消费，主要是在使用中消耗这些货物，不是传统的销售行为，也没有通常意义上的购买方，本来不构成应税交易，也不属于增值税征收范围。但是考虑到在相关货物的购进或者生产环节已经按照规定抵扣了相应的增值税进项税额，后续无法清晰进行转出处理，因此统一确定为视同应税交易，纳入增值税征收范围。

2.单位和个体工商户无偿转让货物。此类行为不收取对价，不构成应税交易，原本也不属于增值税征收范围。但是同样考虑到增值税抵扣链条的完整性，将其采用拟制应税交易的方式纳入增值税征收范围。

3.单位和个人无偿转让无形资产、不动产或者金融商品。此类行为原本是无偿转让，同样不属于应税交易范畴，基于增值税链条

征税、环环相扣的特点将其视同应税交易，纳入增值税征收范围，对其征收增值税。

三、我认为过去将资金无偿借贷界定为增值税上的“视同销售”是错误的

按照实施办法第十四条规定，单位或者个体工商户向其他单位或者个人无偿提供服务需要视同销售服务，但用于公益事业或者以社会公众为对象的除外。基于这个规定，单位如果将资金无偿借贷给其他单位或者个人，通常会被视为视同销售贷款服务，需要征收增值税，符合免税条件的除外。中国财税浪子认为即使有无偿提供服务视同销售的规定，也不能将其套用在贷款服务之上。按照《销售服务、无形资产、不动产注释》规定，贷款，是指将资金贷与他人使用而取得利息收入的业务活动。贷款服务的原始定义就必须收取利息，如果不收取利息压根就不符合贷款的原始定义，或者说，贷款服务本身就必须是有偿地收取利息的活动，压根不存在无偿提供贷款服务然后在税收政策上被拟制为视同销售贷款服务的问题。我们可以做一个类比，按照《销售服务、无形资产、不动产注释》规定，设计服务是把计划、规划、设想通过文字、语言、图画、声音、视觉等形式传递出来的业务活动。在这个定义中，不强调设计服务必须收取费用。因此如果是有偿提供设计服务，按照实施办法，可以将其直接界定为“销售设计服务”，直接纳入增值税征收范围；如果是无偿提供设计服务，又不用于公益事业或者以社会公众为对象，那么依据实施办法就需要将其“视同销售设计服务”，也同样纳入增值税征收范围。但是前面讲到的贷款服务，其原始定义就必须收取利息，必须是有偿的，压根不允许是无偿的，也就自然不存在将无偿提供资金拟制为视同销售的问题。因此，中国财税浪子认为，

此前将资金无偿借贷纳入视同销售范畴是错误的。《财政部 国家税务总局关于明确养老机构免征增值税等政策的通知》(财税〔2019〕20号)依据后续的财政部规范性文件曾经规定，对企业集团内单位(含企业集团)之间的资金无偿借贷行为，免征增值税。这个规定其实是犯了一个原理性错误，这个行为应该直接界定为不属于增值税征收范围，不征收增值税；而不应该将其以视同销售的名义纳入增值税征收范围，再将其采用免税的方式进行豁免优待。增值税法施行后，该类无偿资金借贷不属于应税交易，也不能拟制为应税交易，原有的错误就自然得到纠正了。

四、除了增值税法，国务院及其财政、税务主管部门无权将一项不属于应税交易的行为拟制为应税交易

按照增值税法第五条规定："有下列情形之一的，视同应税交易，应当依照本法规定缴纳增值税：(一)单位和个体工商户将自产或者委托加工的货物用于集体福利或者个人消费；(二)单位和个体工商户无偿转让货物；(三)单位和个人无偿转让无形资产、不动产或者金融商品。"该条规定没有授权条款，也就是说将不属于应税交易的行为拟制为应税交易，按照视同应税交易来征收增值税只能由法律规定，国务院或者国务院财政、税务主管部门无权将一项不属于应税交易的行为拟制为应税交易。比如，同一个法人企业内部，总机构将货物移送到另外一个分支机构使用或者用于销售，按照增值税法第三条第二款规定，因为没有发生货物的所有权转移，不属于应税交易中的销售货物，不属于增值税征收范围。增值税法施行后，改为总分机构之间货物移行为也不属于视同应税交易或者拟制应税交易，不再纳入增值税征收范围。

五、将总机构名下的房产变更过户到同一法人企业所属的另外一个分支机构名下，是否征收增值税？

由于各地关于不动产登记过户的要求并不一致，我们首先做一个假设。假设在同一法人企业内部，总机构名下的房产过户给分支机构、分支机构名下的房产过户给总机构以及分支机构之间办理房产过户在不动产登记机关都是可以正常办理的。

按照增值税法第三条规定："在中华人民共和国境内（以下简称境内）销售货物、服务、无形资产、不动产（以下称应税交易），以及进口货物的单位和个人（包括个体工商户），为增值税的纳税人，应当依照本法规定缴纳增值税。销售货物、服务、无形资产、不动产，是指有偿转让货物、不动产的所有权，有偿提供服务，有偿转让无形资产的所有权或者使用权。"在这里，销售不动产的前提是转移不动产的所有权，如果不动产所有权并未发生转移，肯定不属于销售不动产，自然也就不构成应税交易，该项过户登记无需缴纳增值税。

按照增值税法第五条规定："有下列情形之一的，视同应税交易，应当依照本法规定缴纳增值税：（一）单位和个体工商户将自产或者委托加工的货物用于集体福利或者个人消费；（二）单位和个体工商户无偿转让货物；（三）单位和个人无偿转让无形资产、不动产或者金融商品。"上述不动产过户登记也不属于视同应税交易，同样无需缴纳增值税。

六、将自产、委托加工或者购进的货物作为投资，提供给其他单位或者个体工商户或者分配给股东或者投资者是否属于视同应税交易？

按照实施细则规定，将自产、委托加工或者购进的货物作为投资，提供给其他单位或者个体工商户属于视同销售货物；同样，将自产、委托加工或者购进的货物分配给股东或者投资者也属于视同销售。按照增值税法第三条第二款规定，销售货物、服务、无形资产、不动产，是指有偿转让货物、不动产的所有权，有偿提供服务，有偿转让无形资产的所有权或者使用权。如果单位或者个体工商户将自产、委托加工或者购进的货物作为投资，提供给其他单位或者个体工商户或者将自产、委托加工或者购进的货物分配给股东或者投资者，属于有偿转让货物，直接按照增值税法判定为应税交易，按照应税交易征收增值税。

七、在融资性售后回租业务中承租人出售资产是否属于应税交易

按照2010年9月8日发布的《国家税务总局关于融资性售后回租业务中承租方出售资产行为有关税收问题的公告》（国家税务总局公告2010年第13号）规定，融资性售后回租业务是指承租方以融资为目的将资产出售给经批准从事融资租赁业务的企业后，又将该项资产从该融资租赁企业租回的行为。融资性售后回租业务中承租方出售资产时，资产所有权以及与资产所有权有关的全部报酬和风险并未完全转移。融资性售后回租业务中承租方出售资产的行为，不属于增值税征收范围，不征收增值税。按照增值税法规定，融资性售后回租业务中承租方出售资产时，标的资产所有权以及与资产所有权有关的全部报酬和风险并未完全转移，仍按照实质重于形式原则，视为未发生转让标的物所有权的行为，不属于应税交易。

八、取得非保本收益的投资行为是否属于应税交易

按照《财政部 国家税务总局关于明确金融 房地产开发 教育辅助服务等增值税政策的通知》（财税〔2016〕140号）第一条规定："《销售服务、无形资产、不动产注释》（财税〔2016〕36号）第一条第（五）项第1点所称'保本收益、报酬、资金占用费、补偿金'，是指合同中明确承诺到期本金可全部收回的投资收益。金融商品持有期间（含到期）取得的非保本的上述收益，不属于利息或利息性质的收入，不征收增值税。"增值税法施行后，我们继续主张通过投资取得非保本收益的活动不属于应税交易，不征收增值税。

九、关于创新药后续免费使用是否属于视同应税交易

根据《财政部 国家税务总局关于创新药后续免费使用有关增值税政策的通知》（财税〔2015〕4号）规定，自2015年1月1日起，药品生产企业销售自产创新药的销售额，为向购买方收取的全部价款和价外费用，其提供给患者后续免费使用的相同创新药，不属于增值税视同销售范围。通知所称创新药，是指经国家食品药品监督管理部门批准注册、获批前未曾在中国境内外上市销售，通过合成或者半合成方法制得的原料药及其制剂。药品生产企业免费提供创新药，应保留如下资料，以备税务机关查验：（一）国家食品药品监督管理部门颁发的注明注册分类为1.1类的药品注册批件；（二）后续免费提供创新药的实施流程；（三）第三方（创新药代保管的医院、药品经销单位等）出具免费用药确认证明，以及患者在第三方登记、领取创新药的记录。增值税法第五条虽然将单位和个体工商户无偿转让货物列入视同应税交易，但是我们认为创新药后续使用其实不是纯粹无偿转让货物，仍然不作为应税交易处理。

十、关于出租不动产约定免租期是否属于视同应税交易

按照《国家税务总局关于土地价款扣除时间等增值税征管问题的公告》(国家税务总局公告2016年第86号)规定，纳税人出租不动产，租赁合同中约定免租期的，不属于《营业税改征增值税试点实施办法》(财税〔2016〕36号文件附件1)第十四条规定的视同销售服务，不征收增值税。很显然，免租期实际是基于纳税人整体提供租赁服务在租赁期间长短上给予的折扣，本来就不是视同销售。增值税法施行后该项免租期的提供同样不属于视同应税交易。

第六条 有下列情形之一的，不属于应税交易，不征收增值税：

(一) 员工为受雇单位或者雇主提供取得工资、薪金的服务；

(二) 收取行政事业性收费、政府性基金；

(三) 依照法律规定被征收、征用而取得补偿；

(四) 取得存款利息收入。

中国财税浪子技术提示——本条规定是对部分应税交易进行排除，这些行为在形式上与一般的销售行为很相似，但是不适合纳入应税交易来征收增值税，也不适合采用免征增值税对待之，因此硬性将其规定为不属于应税交易。实务中还存在大量的交易或者事项原本就不是应税交易，其原始属性就不属于应税交易的事项，无法逐一列举，也无需在法律中进行列举，因此不在该条进行规定。日后在实务操作中如果对某些行为是否原本就不属于应税交易产生执行上的争议，可以通过一些位阶相对较低的规范性文件进行明确或者通过国家税务总局发布的一些指导性案例进行必要的指南。

如果从汉语词句的相对性角度来说，既然有增值税法第三条规定的“应税交易”，就应该还有一个相对的专业术语叫“非应税交易”，但是我们翻遍整个增值税法全文也没有看到任何“非应税交易”的表述，因此本书也不采用“非应税交易”一词，遇到同等含义的内容，尽量表述为“不属于应税交易”“不是应税交易”。

另外受到实施办法的影响，还会有不少业内人士将不属于应税交易称为“不征收增值税项目”“不征税交易”或者干脆比照企业所得税①直接称为“不征税收入”，这些表述都不是法言法语，本书也同样不采用这种表述方式。

一、员工任职服务从应税交易中排除，不属于应税交易

员工在公司任职，就属于员工为受雇单位提供服务。员工在个体工商户工作，则属于员工为雇主提供服务。这些服务的共性都是员工通过工作性质的服务换取工资、薪金等劳动报酬。我们完全可以从形式上将其看作员工作为劳动者为所属用人单位有偿提供服务，换取工资薪金等劳动报酬作为服务收入，因此该行为在形式上完全符合应税交易的特征，但是国家税收法律制度显然不适合对员工为受雇单位或者雇主提供取得工资、薪金的服务来征收增值税，因此将其从需要征税的应税交易中剥离出来，单独列为一项不征收增值税的项目，确定其不属于应税交易。

但是需要注意的是，只有员工为受雇单位或者雇主提供取得工

① 学习注释——不征税收入是企业所得税的概念。《中华人民共和国企业所得税法》第七条规定：“收入总额中的下列收入为不征税收入：（一）财政拨款；（二）依法收取并纳入财政管理的行政事业性收费、政府性基金；（三）国务院规定的其他不征税收入。”为避免不同税种之间基本概念的混淆，我们在增值税中不会将不属于应税交易称为不征税收入。

资、薪金的服务才可以界定为不属于应税交易。如果员工向受雇单位或者雇主提供服务，但并不是取得工资薪金，而是取得通常服务的收入，则需要依法缴纳增值税。比如员工将资金拆借给所在公司赚取利息收入、员工将自己的产权房出租给所在公司用于办公取得租金，这些交易发生时员工并不是通过提供服务获取工资薪金，还是按照一般性的应税交易处理。

小贴士 公司作为用人单位向员工支付工资，为什么不需要取得发票就可以在企业所得税税前扣除？

中国财税浪子解答：国家税务总局发布的非常经典的一份税务规范性文件《企业所得税税前扣除凭证管理办法》（国家税务总局公告2018年第28号）第九条第一款规定："企业在境内发生的支出项目属于增值税应税项目（以下简称'应税项目'）的，对方为已办理税务登记的增值税纳税人，其支出以发票（包括按照规定由税务机关代开的发票）作为税前扣除凭证。"第十条第一款规定："企业在境内发生的支出项目不属于应税项目的，对方为单位的，以对方开具的发票以外的其他外部凭证作为税前扣除凭证；对方为个人的，以内部凭证作为税前扣除凭证。"

根据增值税法第六条第一项规定，员工为受雇单位或者雇主提供取得工资、薪金的服务不属于应税交易，不征收增值税。因此，公司向员工支付工资，对于员工而言不属于增值税应税项目，公司需以内部凭证作为税前扣除凭证。

但是需要注意的是，公司向员工支付工资实质是员工向公司提供了劳动，领取的对价为工资薪金，该种劳动不属于应税交易。但是如果员工向公司提供其他性质的服务，比如员工基于公司内部集资将资金拆借给公司使用获得利息、员工将自己拥有的房屋等不动产出租给公司使用获取租金等服务，由于其目的不是为了换取工资薪金，不属于增值税法第六条第一项列举的非应税交易，仍然需要按照增值税法的规定确认为应税交易并依法征缴增值税，这些情况下公司向员工支付相应的利息、租金等需要按照国家税务总局公告2018年第28号第九条的规定处理企业所得税税前扣除凭证。

二、收取“官费”从应税交易中排除，不属于应税交易

我们将收取的行政事业性收费、政府性基金称为“官费”。收费主体（行政单位、事业单位等）收取“官费”，可以看作行政事业单位提供公共产品、公共服务，有偿收取“官费”作为对价，该行为在形式上同样符合应税交易的特征，但是如果对收取行政事业性收费、政府性基金的行为征收增值税，容易造成财政资金的空转等一些不利的后果，因此将其从应税交易中排除，直接规定为不属于应税交易。

三、征收征用补偿从应税交易中排除，不属于应税交易

依照法律规定被征收、征用而取得补偿，通常是为了补偿被征收、征用主体消耗或者损失的成本，不属于增值的范畴。但是如果我们假设某个物业小区新交付的商品房全部被国家临时征用一年，作为奥运会的运动员村使用。在这个基础上奥组委给被征用的业主一定金额的补偿，从形式上来看，该等征用行为似乎是可以看作业主临时将不动产租借给奥组委，并且从奥组委取得对价，形式上符合应税交易的特征。但是该等征收补偿实际上是一种强制行为，与自愿平等、等价有偿的市场交易相差很大，不适合对其征收增值税，因此我们同样在法律源头上就直接将其规定为不征收增值税的事项，不属于应税交易。

四、存款利息从应税交易中排除，不属于应税交易

存款人将资金存放在银行，其实就是借给银行等金融机构，并且从金融机构取得利息收入作为对价，形式上符合将资金贷与他人使用并取得利息收入的贷款的特征。但是存款人将资金以存款方式存放在金融机构取得利息收入，毕竟不同于金融机构贷款和民间借贷将资金贷给他人使用的生息行为，不适合征收增值税，因此增值税法也同样沿袭过去的立法习惯将其从应税交易中排除，不对其征收增值税。当然，什么是存款，对存款及其利息的基本定义，在税收政策上是缺乏的，因此实务中也存在很多争议，比如，有些地方的税务机关坚持对单位购买结构性存款取得的利息收入征收增值税，而不认可其属于存款的一种形式；也有的地方的税务机关对企业集团成员在企业集团财务公司（属于一种持牌金融机构）存款取得的利息收入征收增值税，同样也不认可其属于存款的性质。中国财税浪了在这个问题上始终如一的观点是，在财政部和国家税务总局尚未对存款利息属性进行界定之前，暂按照金融监督管理部门的规定来界定是否属于存款，属于存款的还是要依法办事，认可其利息收入不征收增值税。

五、个别问题探讨

1.为何法律中不明确规定“根据国家指令无偿提供的铁路运输服务、航空运输服务，属于《试点实施办法》第十四条规定的用于公益事业的服务”不属于应税交易？

根据《财政部 税务总局关于全面推开营业税改征增值税试点的通知》（财税〔2016〕36号）附件2《营业税改征增值税试点有关事项的规定》确认，根据国家指令无偿提供的铁路运输服务、航空运

输服务，属于财税〔2016〕36号文附件1《试点实施办法》第十四条规定的用于公益事业的服务属于不征收增值税项目。根据增值税法规定，既然已经是无偿提供服务，不会取得任何货币或者非货币形式的经济利益，不符合应税交易收取对价的特征，本身不构成应税交易，自然也就不征收增值税。本书采用一种通俗易懂的表述方式，将其称为“天然不是应税交易”。对于天然不是应税交易，无需重复在法律条文中明确其不属于应税交易。换个角度来说，税法需要硬性规定不属于应税交易的情形，往往是那些形式上符合应税交易特征或者定义的事项。

2.为何法律中不明确规定“被保险人获得的保险赔付”不属于应税交易？

根据《财政部 税务总局关于全面推开营业税改征增值税试点的通知》（财税〔2016〕36号）附件2《营业税改征增值税试点有关事项的规定》确认，被保险人获得的保险赔付属于不征收增值税项目。被保险人从保险公司等保险人处取得保险赔偿款，被保险人作为收取款项的一方，并未发生销售货物、服务、无形资产或者不动产的行为，当然也就不构成应税交易，也就是我们所称的天然不是应税交易。对于天然不是应税交易，无需重复在法律条文中明确其不属于应税交易。

3.为何法律中不明确规定“房地产主管部门或者其指定机构、公积金管理中心、开发企业以及物业管理单位代收的住宅专项维修资金”不属于应税交易？

根据《财政部 税务总局关于全面推开营业税改征增值税试点的通知》（财税〔2016〕36号）附件2《营业税改征增值税试点有关事项的规定》确认，房地产主管部门或者其指定机构、公积金管理中心、开发企业以及物业管理单位代收的住宅专项维修资金属于不征收增值税项目。上述单位代收的住宅维修资金，并不是这些单位销售不动产、销售服务或者其他销售行为收取的对价，当然也就不构成应税交易，还是我们所称的天然不是应税交易。如前所述，无需重复在法律条文中明确其不属于应税交易。

需要注意的是，实务中有观点认为住宅专项维修资金属于行政事业性收费或者政府性基金。其实这是一种误解。建设部 财政部等部门联合发布，2008年2月1日起施行的部门规章《住宅专项维修资金管理办法》规定："本办法所称住宅专项维修资金，是指专项用于住宅共用部位、共用设施设备保修期满后的维修和更新、改造的资金。""住宅专项维修资金管理实行专户存储、专款专用、所有权人决策、政府监督的原则。""业主交存的住宅专项维修资金属于业主所有。"结合这个办法的规定来看，房地产主管部门或者其指定机构、公积金管理中心、开发企业以及物业管理单位代收的住宅专项维修资金不属于行政事业性收费。

4.为何法律中不明确规定资产重组不属于应税交易？

根据《财政部 税务总局关于全面推开营业税改征增值税试点的通知》（财税〔2016〕36号）附件2《营业税改征增值税试点有关事项的规定》确认，在资产重组过程中，通过合并、分立、出售、置换等方式，将全部或者部分实物资产以及与其相关联的债权、负债和劳动力一并转让给其他单位和个人，其中涉及的不动产、土地使用权转让行为属于不征收增值税项目。此类资产重组业务的实质是持续经营条件下的业务转让，并不是单独销售实物资产或者其中涉及的货物、不动产和土地使用权，其收取的对价也不是单纯实物资产或者特定资产的对价，而是被转让的资产组或者业务组合整体价值的体现，可以理解是一种"净资本""净权益"性质的转让，不构成销售货物、销售服务、销售无形资产、销售不动产这样的应税交易，也就是天然不是应税交易。

5.转让有限责任公司股权是否属于应税交易？

在完成增值税立法之前，对有偿转让有限责任公司股权、转让非上市公司股权这样的行为是不征收增值税的，因为股权不属于增值税征收范围中的货物、劳务、服务、无形资产和不动产的范畴，不是应税销售行为的对象或者标的。增值税法施行后，按照应税交易的范围，转让股权也不在列举的销售货物、服务、无形资产和不动产这四大交易之列，自然还是不征收增值税的项目，天然不是应税交易。

6.转让新三板挂牌公司股票是否属于应税交易？

在完成增值税立法之前，实务中对有偿转让新三板挂牌公司股票是否属于应税销售行为存在很大的争议。比较常见的处理方法是将转让新三板挂牌公司股票比照前述转让有限责任公司股权来理解，作为不征收增值税项目。也有一些意见认为既然新三板挂牌公司也都是股份有限公司，转让的是股份公司的股票，当然应将其归入有价证券范畴，对转让新三板挂牌公司股票按照金融服务中的金融商品转让征收增值税。

中国财税浪子比较偏向于不征收增值税的观点，不主张将其纳入金融商品转让的范畴。具体理由在于纳入金融商品转让范畴征收增值税的金融商品往往都是一些标准化的金融产品。虽然目前在税收制度上没有直接明确过标准化金融商品的特质或者属性，但是中国人民银行 中国银行保险监督管理委员会 中国证券监督管理委员会 国家外汇管理局公告〔2020〕第5号发布的《标准化债权类资产认定规则》对标准化债权类资产应当同时符合的条件进行了规范，具体包括五个条件：（1）等分化，可交易。以簿记建档或招标方式非公开发行，发行与存续期间有2个（含）以上合格投资者，以票面金额或其整数倍作为最小交易单位，具有标准化的交易合同文本。（2）信息披露充分。发行文件对信息披露方式、内容、频率等具体安排有明确约定，信息披露责任主体确保信息披露真实、准确、完整、及时。发行文件中明确发行人有义务通过提供现金或金融工具等偿付投资者，或明确以破产隔离的基础资产所产生的现金流偿付投资者，并至少包含发行金额、票面金额、发行价格或利率确定方式、期限、发行方式、承销方式等要素。（3）集中登记，独立托管。在人民银行和金融监督管理部门认可的债券市场登记托管机构集中登记、独立托管。（4）公允定价，流动性机制完善。采用询价、双边报价、竞价撮合等交易方式，有做市机构、承销商等积极提供做市、估值等服务。买卖双方优先依据近期成交价格或做市机构、承销商报价确定交易价格。若该资产无近期成交价格或报价，可参考其他第三方估值。提供估值服务的其他第三方估值机构具备完善的公司治理结构，能够有效处理利益冲突，同时通过合理的质量控制手段确保估值质量，并公开估值方法、估值流程，确保估值透明。（5）在银行间市场、证券交易所市场等国务院同意设立的交易市场交易。为其提供登记托管、清算结算等基础设施服务的机构，已纳入银行间、交易所债券市场基础设施统筹监管，按照分层有序、有机互补、服务多元的原则与债券市场其他基础设施协调配合，相关业务遵循债券和资产支持证券统一规范安排。参考这个规则的原理和精神，中国财税浪子提炼了可以按照金融商品转让征税的标准化金融商品的五大特征或者五大条件，即：（1）等分化，可交易；（2）信息披露充分；（3）集中登记，独立托管；（4）公允定价，流动性机制完善；（5）在国务院同意设立的交易市场交易。目前来看，新三板挂牌公司股票即使进入交易范畴，上述五大特性还不够完善，我们认为在完成增值税立法之前尚不宜对新三板挂牌公司股票转让征收增值税。

增值税法施行后，随着相关配套制度需要进一步充实完善，需要尽快明确是否将转让股票纳入应税交易范畴。中国财税浪子主张从有利于新三板市场高质量发展的角度，明确将其从应税交易中排除。

六、增值税法没有直接引入"非经营活动"的概念

实施办法第十条规定："销售服务、无形资产或者不动产，是指有偿提供服务、有偿转让无形资产或者不动产，但属于下列非经营活动的情形除外：

（一）行政单位收取的同时满足以下条件的政府性基金或者行政事业性收费。

1.由国务院或者财政部批准设立的政府性基金，由国务院或者省级人民政府及其财政、价格主管部门批准设立的行政事业性收费；

2.收取时开具省级以上（含省级）财政部门监（印）制的财政票据；

3.所收款项全额上缴财政。

（二）单位或者个体工商户聘用的员工为本单位或者雇主提供取得工资的服务。

（三）单位或者个体工商户为聘用的员工提供服务。

（四）财政部和国家税务总局规定的其他情形。"

我们不难看出，增值税法第六条规定的不属于应税交易的情形，还是隐含着非经营活动的理念。中国财税浪子不赞同在税收法律中写入非经营活动的概念，因为对其几乎很难进行准确的定义。但是对于实施办法中规定的属于非经营活动而且确实不适合征收增值税的情形，完全可以被增值税法吸收和继承。比如增值税法第六条第一项"员工为受雇单位或者雇主提供取得工资、薪金的服务"和第二项"收取行政事业性收费、政府性基金"几乎可以确定是从实施办法移植过来的。增值税法第六条第三项"依照法律规定被征收、征用而取得补偿"在实施办法中被设计为作为免征增值税的项目，增值税法第六条第四项"取得存款利息收入"在实施办法中也明确

不征收增值税，但是从来没有直接将其表述为“非经营活动”的一项。

另外,《财政部 国家税务总局关于进一步明确全面推开营改增试点有关再保险 不动产租赁和非学历教育等政策的通知》(财税〔2016〕68号)第五条还规定:“各党派、共青团、工会、妇联、中科协、青联、台联、侨联收取党费、团费、会费，以及政府间国际组织收取会费，属于非经营活动，不征收增值税。”该条规定没有被吸收进入增值税法第六条。但是按照增值税法第六条第二款仍可以直接判断其不属于应税交易。

小贴士 增值税法没有引入“非经营活动”的概念，单位或者个体工商户为聘用的员工提供服务是否需要缴纳增值税?

中国财税浪子解答: 在实施办法中，单位或者个体工商户为聘用的员工提供服务虽然被列举为非经营活动，但是实务中还是存在非常大的争议。比如有的业内人士在适用该项非经营活动不征收增值税时明确要求该项提供服务必须是单位或者个体工商户自身的主营业务。比如，电信企业向员工提供的电信服务、航空运输公司为其员工提供的旅客运输服务、宾馆酒店向其员工提供的餐饮住宿服务等。如果仅仅是用文字描述这样的理解并不复杂，但从实际操作来看，企业通常可以多种经营，未必很清晰地就能将一项服务判定为是否属于单位或者个体工商户的主营业务。还有的税务机关提出来，单位或者个体工商户为员工提供的服务属于营业执照列举的行业范围的，就属于非经营活动，否则就不属于非经营活动。其实产生这种争议的幕后很大的归因还是在于实施办法引入了一个看似合理却没法清晰定义的概念。这也是中国财税浪子不赞同在税法中直接使用“非经营活动”这样一个概念的主要原因。现在的问题来了，既然增值税法没有将单位或者个体工商户为聘用的员工提供服务从应税交易中排除，那么是不是就属于应税交易呢？这一点恐怕也还会存在很大的争议。比如，单位或者个体工商户为聘用的员工无偿提供服务，按照增值税法既不属于应税交易，也不属于视同应税交易，还是应该不征收增值税。单位或者个体工商户为聘用的员工有偿提供服务，此时应当判定属于应税交易，需要征收增值税。但是肯定也会有人提出反对意见，比如单位或者个体工商户为聘用的员工无偿提供服务，表面上不收取对价，但实际上是减少了单位或者个体工商户支付给聘用的员工的工资薪金，也应当视为单位或者个体工商户取得了非货币形式的经济利益，这样一来恐怕就需要征收增值税了。我建议在以后制定增值税法配套政策时，能够就单位或者个体工商户为聘用的员工提供服务，即使对其征收增值税，也应该仅限于货币形式的经济利益，减少其中可能存在的征管争议。

第七条 增值税为价外税，应税交易的销售额不包括增值税税额。增值税税额，应当按照国务院的规定在交易凭证上单独列明。

中国财税浪子技术提示——本条规定采用法律形式明确了增值税价外税的属性。

一、增值税是价外税，具有天然转嫁性

增值税的价外税特性过去是作为一种类似于“公理”的方式存在的，无论是税务机关还是纳税人对增值税的最初印象都是“价外税”，但是在暂行条例等增值税制度体系中从未以书面的形式确认其

价外税的属性。2024年11月，中国财税浪子到哈萨克斯坦共和国进行考察，在哈萨克斯坦国立农业大学学习哈萨克斯坦的税收制度时，负责讲解税法的该国税法教授也对哈萨克斯坦增值税的价外税的属性进行了专门的介绍。这也可以看出，增值税的“价外税”具有国际特质，几乎得到了所有增值税国家的认可。

从增值税技术的角度来看，我们通常可以理解为应税标的的不含税销售额是1000万元，如果增值税税率是13%，那么增值税税额就是130万元。如果应税标的的含税销售额是1130万元，增值税税率是13%，那么不含税销售额就是1130÷（1+13%）=1000万元，增值税税额就是1000×13%=130万元。

二、增值税税额需要在交易凭证上单独标明

增值税税额，应当按照国务院的规定在交易凭证上单独列明。这一点还是非常好理解的，因为增值税具有价外税、链条税的特性，在发生应税交易时，需要让购买方初步知道该项应税交易涉及多少增值税税额，下游可以抵扣多少税款，因此增值税法专门要求按照国务院的规定在交易凭证上单独列明。税法没有解释交易凭证的具体含义，但是总体而言，交易凭证是商业活动的结果，应当是商业活动情况的展现形式。比如我们到商业超市购物，超市提供的购物清单（小票）应当清晰标记我们所支付的货物价款和增值税税额。

大家都知道，目前通过系统开具的增值税专用发票和增值税普通发票都是实行价税分离，单独列明增值税税额的。但是我们认为，增值税发票并不是增值税法第七条所称的“交易凭证”。《中华人民共和国发票管理办法》第三条第一款规定：“本办法所称发票，是指在购销商品、提供或者接受服务以及从事其他经营活动中，开具、收取的收付款凭证。”发票管理办法将发票定位为交易的付款凭证，

而不是交易本身的商事凭证。

小贴士 因为增值税价外税的属性，导致金融企业90天内的利息会产生无法收回的增值税税款

中国财税浪子解答：根据《财政部 税务总局关于全面推开营业税改征增值税试点的通知》（财税〔2016〕36号）附件3《营业税改征增值税试点过渡政策的规定》第四条："金融企业发放贷款后，自结息日起90天内发生的应收未收利息按照现行规定缴纳增值税，自结日起90天后发生的应收未收利息暂不缴纳增值税，待实际收到利息时按规定缴纳增值税。"

某金融企业发放的一笔贷款，由于债务人突发危机事件的影响，自结息日起90天内应收的利息全部未收到。该企业在账务处理上确认了90天内累计106万元的应收利息，以及100万元的利息收入和6万元的销项税额。企业按照规定申报了相应的增值税。自结息日起90天后发生的应收利息同样没有收到，企业也暂未缴纳相应的增值税。

根据《国家税务总局关于金融企业贷款利息收入确认问题的公告》（国家税务总局公告2010年第23号）第二条规定，金融企业已确认为利息收入的应收利息，逾期90天仍未收回，且会计上已冲减了当期利息收入的，准予抵扣当期应纳税所得额。由于该企业在账务上冲减了已经确认的当期利息收入（也就是90天以内的部分）一共100万元，自然100万元准予抵扣当期应纳税所得额。但是对于此前确认这100万元利息对应的增值税税款6万元，一直挂在应收利息之中，无法向债务人收回。

最终，该金融企业按照贷款损失的规定核销了全部损失的贷款本金。但是对于挂账的应收利息中销项税额的部分，有的税务机关认为增值税属于价外税，不允许企业在税前扣除。有的税务机关则允许比照应收款项的损失扣除条件进行处理。

第八条 纳税人发生应税交易，应当按照一般计税方法，通过销项税额抵扣进项税额计算应纳税额的方式，计算缴纳增值税；本法另有规定的除外。

小规模纳税人可以按照销售额和征收率计算应纳税额的简易计税方法，计算缴纳增值税。

中外合作开采海洋石油、天然气增值税的计税方法等，按照国务院的有关规定执行。

中国财税浪子技术提示——本条是对增值税计税方法的规定。计税方式包括一般计税方法和简易计税方法。

一、基础性的计税方法是一般计税

纳税人（此处没有强调必须是一般纳税人，整个增值税法也没有提到一般纳税人这个概念）发生应税交易，如果没有符合特别的条件，首先就应当采用一般计税方法计税。在进行具体计算时可以概括为：应纳税额=销项税额-进项税额。但是本法可以对不采用一般计税方法的情形另外作出规定。

结合增值税法第八条第一款“本法另有规定的除外”和第八条第二款“小规模纳税人可以按照销售额和征收率计算应纳税额的简易计税方法，计算缴纳增值税”的规定来看，增值税法通篇没有涉及一般纳税人的特定业务可以采用简易计税方法的规定，也没有授权国务院可以出台政策允许对一般纳税人的特定业务采用简易计税方法，因此一般纳税人的特定业务是否可以继续采用简易计税方法，出现一种存疑的局面。另外，全国人民代表大会宪法和法律委员会所作的关于《中华人民共和国增值税法（草案）》审议结果的报告曾经指出，有的常委委员建议，按照党的二十届三中全会决定关于“全面落实税收法定原则，规范税收优惠政策”的要求，进一步减少草案中的立法授权条款，完善税收优惠规定。宪法和法律委员会经同有关方面研究，建议删去草案二次审议稿中关于授权国务院规定视同应税交易的兜底情形、按照简易方法计税的特殊情形、按照差额计算销售额的特殊情形、放弃增值税优惠后不得享受该项优惠的期限、纳税人进行汇总纳税的审批机关等内容，改由在法律中直接作出规定，或者经清理规范后纳入税收优惠范围；同时删去个别免税项目。根据审议结果的报告，关于按照简易方法计税的特殊情形也可能在增值税法出台后，进行清理规范纳入税收优惠的范围。从增值税的原理来看，简易计税方法不是税收优惠，仅仅是计税方式而已，但是从宪法和法律委员会的这个报告来看，他们也开始认可简易计税可以作为税收优惠存在，这也是对我们通常理解的一个变化。不过宪法和法律委员会的这样一个认识导向是不是会有效传导给未来起草实施条例或者配套文件的财政部或者税务总局，可能还存在一定的不确定性。

二、小规模纳税人可以采用简易计税方法

小规模纳税人可以按照简易计税方法计税，在进行具体计算时可以概括为：应纳税额=销售额 × 征收率。

前已述及，小规模纳税人可以按照销售额和征收率计算应纳税额的简易计税方法，计算缴纳增值税属于增值税法第八条第一款“本法另有规定的除外”的情形，意味着小规模纳税人可以采用简易计税方法。但是结合增值税法第八条规定，小规模纳税人可否适用一般计税方式？这个问题我们安排在增值税第九条的分析中讨论。

三、中外合作开采石油、天然气增值税的计税方法

《全国人民代表大会常务委员会关于外商投资企业和外国企业适用增值税、消费税、营业税等税收暂行条例的决定》（1993年12月29日第八届全国人民代表大会常务委员会第五次会议通过）曾经有一个授权条款："中外合作开采海洋石油、天然气，按实物征收增值税，其税率和征收办法由国务院另行规定。"增值税法吸收和保留了这一规定。2016年3月23日，《财政部 国家税务总局关于营业税改征增值税试点若干政策的通知》（财税〔2016〕39号）第四条曾经作出规定，自2016年5月1日起，中国海洋石油总公司及所属单位海上自营油田开采的原油、天然气，停止按实物征收增值税，改为按照《增值税暂行条例》及其实施细则缴纳增值税。理论上讲，中外合作开采海洋石油、天然气也应该适用增值税法有关销售货物的增值税政策规定。

四、在增值税法中我们看不到一般纳税人的概念

熟悉增值税制度的读者都知道，增值税的纳税人既包括一般纳税人，也包括小规模纳税人。但是我们在增值税法全文中进行检索，可以查询到六次出现"小规模纳税人"这一术语，但是增值税法通篇没有出现"一般纳税人"这样一个专业术语。

第九条 本法所称小规模纳税人，是指年应征增值税销售额未超过五百万元的纳税人。

小规模纳税人会计核算健全，能够提供准确税务资料的，可以向主管税务机关办理登记，按照本法规定的一般计税方法计算缴纳增值税。

> 根据国民经济和社会发展的需要，国务院可以对小规模纳税人的标准作出调整，报全国人民代表大会常务委员会备案。

中国财税浪子技术提示——本条是确定小规模纳税人标准和计税方式的规定。

一、小规模纳税人年应征税销售额标准

增值税法采用立法的形式明确了增值税小规模纳税人的年应征税销售额标准是未超过500万元。这里的年应征税销售额，不是年度应征税销售额或者年度销售额，沿袭了既往的习惯不是指自然年度、日历年度，仍然应当按照任意连续12个月的期间来理解。

可能有的读者会提出这样一个问题，如果年应征税销售额恰好是500万元，一点不多一点也不少，刚刚好，还可以是小规模纳税人吗？我们理解，增值税法强调"未超过"500万元，如果恰好是500万元，肯定是未超过，还可以是小规模纳税人。

二、小规模纳税人可以经登记适用一般计税方法

这个变化比较特殊，在完成增值税立法之前，会计核算健全，能够提供准确税务资料的小规模纳税人，可以向主管税务机关办理登记，登记为一般纳税人以后采用一般计税方法计税，不能继续采用简易计税方法。立法之前登记的属性很清楚，是进行一般纳税人资格登记。但是，增值税法在表述上有所变化，仅仅强调小规模纳税人向主管税务机关登记，但并未明确必须登记为一般纳税人（增

值税法整体没有出现一般纳税人的法律概念），而是强调经登记可以按照本法规定的一般计税方法计算缴纳增值税。从字面意义上来看，有一种可能，在税务机关登记的不是小规模纳税人转换为一般纳税人的身份，而是登记的小规模纳税人采用的一般计税方法，这一点和过去的习惯有很大不同。从字面意义上来看，我们似乎可以理解为可以保留小规模纳税人的身份，但是将计税方式登记为一般计税方式。说得更清楚一些，中国财税浪子主张即使是增值税小规模纳税人，也允许采用一般计税方法，但是小规模纳税人采用一般计税方法需要“经登记”。比如一家增值税小规模纳税人，销售咨询鉴证服务，在某个计税期间不含增值税销售额100万元，该期间取得合规扣税凭证的可以抵扣的进项税额5万元，那么这个小规模纳税人可以直接采用简易计税方法，按照销售额和3%的征收率计算应纳增值税额100×3%=3万元。也可以经登记，采用一般计税方法，应纳增值税额=销项税额－进项税额=100×6%-5=1万元。

当然，这只是一种推测，也有人认为既然增值税法第八条第款已经确认“本法另有规定的除外”，而且第八条第二款“小规模纳税人可以按照销售额和征收率计算应纳税额的简易计税方法，计算缴纳增值税”已经属于第一款中的另有规定的情形，增值税小规模纳税人就应该直接按照例外情形采用简易计税方法，而不能继续采用一般计算方法。如果按照这种理解，小规模纳税人的计税方法就总体和营改增试点期间保持一致。但是，中国财税浪子认为这里我们对法律文本还需要字斟句酌，增值税法第八条第二款强调的是小规模纳税人“可以”按照简易计税方法，并不是“应当”或者必须采用简易计税方法，而且依据增值税法第八条第一款，一般计税方法本身就是所有纳税人首选的计税方法，因此肯定还不能排除允许小规模纳税人采用一般计税方法。至少相关规定的理解还需要后续文件进一步正本清源。

三、除了法律规定，将小规模纳税人销售额标准调整权授予国务院

增值税法已经确定小规模纳税人的标准是年征增值税销售额未超过500万元。但是在法律实际施行过程中，可能会根据经济社会发展的需要及时调整这个销售额标准，但又可能受立法程序、立法机关开会周期等具体条件的约束，无法及时调整法律中规定的小规模纳税人的销售额标准。于是增值税法进行了专门的授权，根据国民经济和社会发展的需要，允许国务院可以对小规模纳税人的标准作出调整，但是需要报全国人民代表大会常务委员会备案。

第二章 税 率

第十条 增值税税率：

（一）纳税人销售货物、加工修理修配服务、有形动产租赁服务，进口货物，除本条第二项、第四项、第五项规定外，税率为百分之十三。

（二）纳税人销售交通运输、邮政、基础电信、建筑、不动产租赁服务，销售不动产，转让土地使用权，销售或者进口下列货物，除本条第四项、第五项规定外，税率为百分之九：

1. 农产品、食用植物油、食用盐；
2. 自来水、暖气、冷气、热水、煤气、石油液化气、天然气、二甲醚、沼气、居民用煤炭制品；
3. 图书、报纸、杂志、音像制品、电子出版物；
4. 饲料、化肥、农药、农机、农膜。

（三）纳税人销售服务、无形资产，除本条第一项、第二项、第五项规定外，税率为百分之六。

（四）纳税人出口货物，税率为零；国务院另有规定的除外。

（五）境内单位和个人跨境销售国务院规定范围内的服务、无形资产，税率为零。

中国财税浪子技术提示——税率是税收制度的中心环节，直接衡量纳税人的税收负担程度。本条是增值税税率的系统化规定。增值税法保证了税率安排的连续性。

一、我国增值税税率的总体安排（见表3）

表3

应税项目	适用税率
1.销售货物（不含8）	13%
2.销售加工修理修配服务	13%
3.销售有形动产租赁服务	13%
4.进口货物（不含9）	13%
5.销售交通运输服务、邮政服务、基础电信服务、建筑服务、不动产租赁服务	9%
6.销售不动产	9%
7.转让土地使用权	9%
8.销售特定货物	9%
9.进口特定货物	9%
10.销售服务（不含2、3、5）	6%
11.销售无形资产（不含7）	6%

由于零税率具有特殊性，上述表格中没有包含纳税人出口货物、境内单位和个人跨境销售国务院规定范围内的服务、无形资产，税率为零的内容。学界也有一种观点，认为零税率不属于税率范畴，而是税收管辖权的体现。本书不采用此类观点，仍然将零税率视为一种有其自身特色的税率表现形式。

小贴士 关于豆制品是否可以适用增值税法第十条第二项第1目的农产品9%税率的问题

中国财税浪子解答：针对这个问题我们可以参考一下国家税务总局沈阳市税务局在2019年针对人大代表建议的答复。

关于沈阳市人民代表大会第十六届二次会议将豆制品统一按农产品适用增值税税率建议（第0550号）的答复

（沈税函〔2019〕57号 发布日期：2019-04-29

信息来源：沈阳市税务局）

霍某某代表：

您提出的《关于将豆制品统一按农产品适用增值税税率的建议》收悉，经研究，现答复如下：

《财政部 国家税务总局关于印发〈农业产品征税范围注释〉的通知》（财税字〔1995〕52号）对适用低税率的初级农产品范围进行了正列举，豆制品不在正列举范围之内，故不能按照低税率征收增值税。

2016年以来，我们就您在建议中提及的豆制品适用增值税税率问题，多次请示省局、总局并提出了与您在建议中相同的处理意见，国家税务总局明确答复豆制品不属于初级农产品，应按16%（自2019年4月1日起税率调整为13%）征收增值税。

总体而言，增值税法没有对我国的增值税税率体系进行调整。我们推测不调整税率大大降低了增值税实现立法的难度，也是暂时搁置矛盾、解决问题的有效策略。但是，以后随着经济和社会发展，税率的修改和调整应当是无法回避的。

税率修改的问题是比较敏感的。据《法治日报》2023年8月29日报道，十四届全国人大常委会第五次会议对增值税法草案二审稿进行了分组审议。多位委员关注到增值税税率问题，并就此提出修改建议。刘修文委员发现，草案二审稿仍然保留了增值税13%、9%和6%三档税率和原适用范围。他调研发现，实践中因多档税率造成的增值税征纳矛盾分歧较多，多档税率并行意味着不同货物和服务适用不同档次的税率，从增值税环环抵扣的原理看，会产生“高征低扣”和“低征高扣”等现象，影响税制科学性和税负公平性。刘修文建议有关部门按照党中央关于“推进增值税改革，适当简化税率”“优化税制结构”等重大决策部署，深入研究分析简并优化税率、清理规范税收优惠等改革举措的必要性和可行性，进一步稳定市场预期、激发经济活力，使市场主体的获得感、幸福感、安全感更加充实、更有保障、更可持续。

朱明春委员对此表示认同，他指出，增值税作为国际上公认中性最强的一个税种，只有在税率一致的情况下，其核心要素环环抵扣的公平税负效果才最明显。因为税率完全一样，销项税减掉进项税，才是比较平等的税负，中性作用也最明显。多档税率容易造成不公平，也会人为增加很多复杂因素。应当进一步改革，结合优化税制方面的要求，简并税率。“增值税税率分档较多，特别是销售货物与销售服务的税率差距比较大，对企业间的公平竞争以及国家税收征管效率都会产生一定影响。”李锦斌委员指出，当前世界各国增值税改革整体趋势是简并税率，建议进一步适当推进增值税税率简并，同步缩小销售货物与销售服务的税率差，将阶段性优惠政策与制度性安排有机结合，为市场主体稳步发展打造良好外部环境。

但是很遗憾，上述委员的建议或者意见均未得到采纳，最终的增值税法维持了自增值税法草案最初提请全国人大常委会审议以来的税率水平，始终没有进行调整。

二、税率实施的关键：对销售货物、服务、无形资产和不动产具体品目的定义和划分

在实施办法中，财政部和国家税务总局专门设计了《销售服务、无形资产、不动产注释》，对销售服务、无形资产和不动产的具体范围进行了界定。这个注释不仅有利于我们判断某个具体应税销售行为的属性和分类，也便于我们适用增值税的具体税率。在增值税法

征求意见的过程中，中国财税浪子也曾经在“中国人大网”上建议在增值税法中设计附件，明确销售货物、服务、无形资产和不动产的具体范围和分类。最终增值税法没有涉及这个方面的具体界定和划分。但是这些问题后续还是需要通过一定的规范性文件予以明确，否则会给实际征管带来操作上的争议和矛盾。

小贴士 如何理解增值税法第十条税率部分的“转让土地使用权”，由于土地使用权属于无形资产范畴，该条第三项销售无形资产（不含土地使用权），税率为6%；但是该条第二项却不称销售土地使用权，而直接表述为“转让土地使用权”，税率为9%。或者说整个第十条都强调销售货物、销售某某服务、销售无形资产、销售不动产，唯独土地使用权不称“销售土地使用权”？

中国财税浪子解答：如果我们仔细阅读增值税法第十条税率部分的表述，确实能够非常显著地看出这种差异，行文上没有使用“销售土地使用权”而是使用了“转让土地使用权”。这种不统一不是错误，而是一种刻意的区分。

大家都知道增值税法第三条已经明确销售无形资产是指有偿转让无形资产的所有权或者使用权，由于我国土地制度的独有特性，国有土地使用者并不拥有土地所有权，而只拥有对应的土地使用权。土地所有权不能转让，但是土地使用权可以依法转让。我们在土地市场上也区分土地使用权出让和土地使用权转让，为避免误会，在描述增值税的税率时，不能采用销售土地使用权的描述，只能描述为转让土地使用权。如果不这样可能会导致在适用增值税法时被误认为销售土地使用权包括土地使用权出让和转让土地使用权。事实上，土地使用权出让属于土地一级市场范畴，转让土地使用权属于二级市场范畴，两者的待遇是有差别的。转让土地使用权适用增值税税率为6%，但是出让土地使用权则有所不同。

根据《财政部 国家税务总局关于全面推开营业税改征增值税试点的通知》（财税〔2016〕36号）附件3《营业税改征增值税试点过渡政策的规定》第一条，土地所有者出让土地使用权和土地使用者将土地使用权归还给土地所有者，免征增值税。可见，在营改增试点期间，土地使用权出让属于免征增值税的情形，同时也说明土地使用权出让属于应税行为。土地使用者将土地使用权归还给土地所有者，也属于免征增值税的情形，当然也说明其属于应税行为。

增值税法发生了明显的变化，增值税法第六条第三项明确依照法律规定被征收、征用而取得补偿不属于应税交易，不征收增值税。据此规定，土地使用者将国有土地使用权归还给土地所有者（国家）取得的补偿直接不属于应税交易，不征收增值税，而不是实行营改增试点期间的免征增值税政策，这是一个非常重大的改变。

但是，增值税法没有明确土地使用权出让是否属于应税交易？是否适用免征增值税？中国财税浪子认为，国家在将土地使用权出让给土地使用者之前，土地使用权并不单独存在，只有按照法定程序出让给土地使用者之后，土地使用权才会单独存在并成为一项用益物权，因此土地使用权的出让，不是有偿转让土地使用权的行为，或者说压根不是转让行为，出让土地使用权不属于应税交易，而且可以认为是天然不是应税交易，不属于增值税征收范围，不征收增值税。因为天然不是应税交易，可以直接根据增值税法第三条第二款进行判定，无需在增值税法第六条对其进行排除。正如我们反复强调的，增值税法第六条规定的不属于应税交易的四种情形，都是那种在形式上与应税交易非常相似，但是确实又不适合按照应税交易征收增值税的情形。

我们在这里也引用一则来自欧盟增值税的实际争议案例。该案例摘选自国家税务总局官网海外税收案例库，发布日期为2024年9月30日。

小贴士 数据中心托管服务属于出租不动产吗?

关键词 芬兰 欧盟法院 增值税 出租不动产 免税

中国财税浪子解答:该案例由国家税务总局国际税务司供稿。

一、案例简介

芬兰A公司专门提供数据中心的托管服务。客户在A公司的计算中心存放服务器,A公司负责提供服务器运行的理想环境,包括提供安放服务器的机柜或机架,提供电源、照明、冷却服务,进行湿度控制,安装烟雾探测装置,清洁服务等。机柜是固定在地板上的,可以在很短时间内拆走。客户不能直接接触机柜,需要向保安确认身份后才能进入。

二、涉税问题

芬兰最高行政法院就以下两个问题的增值税处理咨询欧盟法院的意见:

(一)按照欧盟增值税指令,A公司提供的托管服务是否可以视为出租不动产而免征增值税?

(二)A公司提供的托管服务是否为欧盟增值税指令中的“与不动产相连的服务”(services connected with immovable property),从而判定增值税纳税地点为不动产所在地?

三、欧盟法院意见

欧盟法院就上述两个问题出具了意见。

(一)关于A公司提供的托管服务是否可以被视为出租不动产而免征增值税

欧盟法院指出,出租不动产免税是因为出租活动是一种消极的经济活动,且出租活动本身不会带来显著的增加值。基于以下三个主要考虑,欧盟法院认为A公司提供的托管服务不属于出租不动产。

1.托管服务包括出租不动产的因素,但服务范围超出了出租不动产的范围。A公司要提供电力、备用电源、照明、冷却、湿度控制、烟雾探测、清洁等服务，除非有足够理由表明托管服务由出租不动产主导，否则不能将其认定为出租不动产服务；

2. 客户不能“像主人那样”自由接触存放服务器的机柜或机架，需要与保安确认身份后才能拿到钥匙；

3. 存放服务器的机柜不是建筑的固定组成部分，它们不是永久地安装在那里，可以方便地拆卸，机柜本身不能被视为不动产。

（二）关于A公司提供的托管服务是否为增值税指令中的“与不动产相连的服务”

按照欧盟法院以前判例确定的原则，如果数据中心分配给客户一个特定空间并且赋予其控制权，托管服务才属于与不动产相连的服务。换句话说，除非A公司分配给客户一个特定、专属、可自由出入的服务器室或机柜，托管服务才会被视为与不动产相连的服务。本案不属于这种情形，因此A公司的托管服务不能被视为与不动产相连的服务。

四、对“走出去”企业的启示

企业的经营活动千差万别，具有个性，如何准确适用税法是个永恒问题，需要通过各种解释法律的文件和法庭判例不断明确。欧盟是税收与关税同盟，成员国在遇到复杂的税法解释与适用问题时经常向欧盟法院寻求意见，这些意见对成员国有指导意义。在欧盟投资的企业可关注欧盟法院的判例（链接如下：https：//eur-lex.europa.eu/collection/eu-law/eu-case-law.html），了解有关税法的解释和适用、法官裁决的法律逻辑等，一方面加强对税法的理解，另一方面学习法律救济的方法。

欧盟这则案例如果发生在中国的增值税制度体系中，恐怕不会有太大的争议。《销售服务、无形资产、不动产注释》明确将数据中心、托管中心列入营改增试点销售服务中的现代服务项下，并且具体归入信息技术服务中的信息系统服务。但是中国财税浪子却在实际征管中发现这个案例也会对中国的印花税征管实践产生影响。中国某集团公司的一家全资子公司负责提供数据中心的托管服务。与欧盟案例类似，客户在该公司的计算中心存放服务器并且由该公司负责提供服务器运行的理想环境等服务。存放服务器也需要一定的空间，而且客户和该公司签署的合同也表述为租赁服务器。主管税务机关认为该公司应当按照《中华人民共和国印花税法》中的租赁合同缴纳印花税，而该公司则认为自己提供的是信息技术服务，而信息技术服务合同不是印花税法列举的应税合同。其实，我们在处理这样的争议时可以参考欧盟法院的审判逻辑来论证该合同不属于租赁合同，而属于信息服务。

第十一条 适用简易计税方法计算缴纳增值税的征收率为百分之三。

中国财税浪子技术提示——本条是适用简易计税方法征收率的规定。

增值税的征收率仅仅适用于简易计税方法，而增值税法第十条规定的税率则普遍适用于一般计税方法。无论是税率还是征收率，最终体现的都是纳税人的税收负担程度。按照实施办法第十六条规定："增值税征收率为3%，财政部和国家税务总局另有规定的除外。"征收率实际上是税率的一种表现形式。增值税法仅保留了简易计税3%的征收率，没有涉及简易计税5%的特殊征收率。

按照《中华人民共和国立法法》第十一条规定："下列事项只能制定法律：（一）国家主权的事项；（二）各级人民代表大会、人民政府、监察委员会、人民法院和人民检察院的产生、组织和职权；

（三）民族区域自治制度、特别行政区制度、基层群众自治制度；（四）犯罪和刑罚；（五）对公民政治权利的剥夺、限制人身自由的强制措施和处罚；（六）税种的设立、税率的确定和税收征收管理等税收基本制度；（七）对非国有财产的征收、征用；（八）民事基本制度；（九）基本经济制度以及财政、海关、金融和外贸的基本制度；（十）诉讼制度和仲裁基本制度；（十一）必须由全国人民代表大会及其常务委员会制定法律的其他事项。”制定增值税法也必须遵守这个规定，也就是增值税的税率包括征收率只能由增值税的法律规定，不能由法律之外的其他规范性文件来规定。因此我们根据增值税法第三十六条推定，增值税法取消了特定业务中5%的征收率，无论是国务院，还是财政部和国家税务总局都不能另行规定比3%还要高的其他比例的征收率。比如，《财政部 国家税务总局关于进一步明确全面推开营改增试点有关劳务派遣服务、收费公路通行费抵扣等政策的通知》（财税〔2016〕47号）第一条规定：“一般纳税人提供劳务派遣服务，可以按照《财政部 国家税务总局关于全面推开营业税改征增值税试点的通知》（财税〔2016〕36号）的有关规定，以取得的全部价款和价外费用为销售额，按照一般计税方法计算缴纳增值税；也可以选择差额纳税，以取得的全部价款和价外费用，扣除代用工单位支付给劳务派遣员工的工资、福利和为其办理社会保险及住房公积金后的余额为销售额，按照简易计税方法依5%的征收率计算缴纳增值税。小规模纳税人提供劳务派遣服务，可以按照《财政部 国家税务总局关于全面推开营业税改征增值税试点的通知》（财税〔2016〕36号）的有关规定，以取得的全部价款和价外费用为销售额，按照简易计税方法依3%的征收率计算缴纳增值税；也可以选择差额纳税，以取得的全部价款和价外费用，扣除代用工单位支付给劳务派遣员工的工资、福利和为其办理社会保险及住房公积金后的余额为销售额，按照简易计税方法依5%的征收率计算缴纳增值税。”这个文件涉及的简易计税方法下5%的征收率在增值税法施行后应当依法进行调整。

小贴士 从增值税角度，对用工单位支付给被派遣劳动者的工资薪金，如何进行处理？

中国财税浪子解答：按照《中华人民共和国劳动合同法》第五十八条第二款规定：“劳务派遣单位应当与被派遣劳动者订立二年以上的固定期限劳动合同，按月支付劳动报酬；被派遣劳动者在无工作期间，劳务派遣单位应当按照所在地人民政府规定的最低工资标准，向其按月支付报酬。”劳动合同法第六十条第一款和第二款规定：“劳务派遣单位应当将劳务派遣协议的内容告知被派遣劳动者。劳务派遣单位不得克扣用工单位按照劳务派遣协议支付给被派遣劳动者的劳动报酬。”结合这些规定可以看出，被派遣劳动者在工作期间的劳动报酬其实是由用工单位承担的，而且通常是由用工单位支付给劳务派遣单位，再由劳务派遣单位支付给劳动者并且不得克扣。此外，劳动合同法第六十二条规定的用工单位应当履行的义务也包括告知被派遣劳动者的工作要求和劳动报酬。如果我们假设劳务派遣协议约定一共需要支付给劳动者的报酬是300万元，用工单位需要将这300万元先支付给劳务派遣单位，劳务派遣单位再按月支付给被派遣劳动者。那么这个时候就会出现一个非常重要的问题，劳务派遣单位从用工单位收到这300万元的劳动报酬时，是否需要计入其增值税销售额。财税〔2016〕47号采用了两种思路来处理这部分劳动报酬，一种思路是将其直接计入销售额，不作认可差额处理，适用3%的征收率；另外一种思路是先计入销售额，再采用差额征税的方式将其减除，最终就剩余部分适用5%的征收率。第一种思路下其实是对劳动报酬按照征收率3%征收很低的增值税，第二种思路下劳动报酬其实没有纳入增值税的税基，没有征收增值税。增值税法施行后，上述政策需要调整。中国财税浪子认为在制定相关劳务派遣的增值税政策时应当考虑增值税法第十七条“销售额，是指纳税人发生应税交易取得的与之相关的价款”，在提供劳务派遣服务时，劳务派遣单位对从用工单位取得并且支付给劳动者的这部分劳动报酬没有支配权，或者说劳务派遣单位从用工单位取得的这部分工资在取得环节不属于与应税交易相关的价款，根本不应该纳入劳务派遣单位提供劳务派遣服务的销售额，无需并入劳务派遣单位的增值税销售额，不应当征收增值税。无论劳务派遣单位是适用一般计税方法还是简易计税方法，其销售额都不应该包含这部分需要支付给劳动者的劳动报酬。

第十二条 纳税人发生两项以上应税交易涉及不同税率、征收率的，应当分别核算适用不同税率、征收率的销售额；未分别核算的，从高适用税率。

中国财税浪子技术提示——本条是兼营应税交易的规定。当纳税人发生两项或者两项以上的应税交易，而且这些应税交易涉及不同的税率、征收率的，此时为兼营应税交易。兼营应税交易进行增值税处理的基本要求是分别核算、分别计税；如果未能分别核算，则从高适用税率。

一、兼营应税交易的内涵

兼营应税交易实际上就是过去的兼营行为，也有人称其为混业经营。通常理解，纳税人发生的兼营应税交易，这些应税交易之间一般是相对独立的，纳税人既可以从事甲应税交易，也可以从事乙应税交易、还可以从事丙应税交易；纳税人可以同时从事甲和乙应税交易，不从事丙应税交易；也可以同时从事甲和丙应税交易，不从事乙应税交易。这些应税交易是纳税人多种经营、全面发展的体现，彼此之间没有必然的或者严密的从属关系。举例来说，某酒店属于增值税一般纳税人，既提供客房服务，又开设小卖部销售啤酒等食品饮料。其中，提供客房服务的部分属于销售服务，适用6%的税率，销售啤酒等食品饮料的部分属于销售货物，适用13%等货物的税率。如果酒店分别核算不同税率对应的销售额，则分别按照适用税率征收增值税；如果不分别核算的，从高适用税率（13%）征收增值税。

二、兼营应税交易的梳理

《国家税务总局关于进一步明确营改增有关征管问题的公告》（国家税务总局公告2017年第11号）第一条规定："纳税人销售活动板房、机器设备、钢结构件等自产货物的同时提供建筑、安装服务，不属于《营业税改征增值税试点实施办法》（财税〔2016〕36号文件印发）第四十条规定的混合销售，应分别核算货物和建筑服务的销售额，分别适用不同的税率或者征收率。"该文件的规定非常具有特殊性，如果纳税人销售活动板房、机器设备、钢结构件等自产货物给甲公司，也可以利用自身资质给乙公司提供建筑安装服务，二者面向的客户群体不同，属于增值税立法完成之前的兼营行为，应分别核算货物和建筑服务的销售额，分别适用不同的税率或者征收率。在增值税法施行后，该行为属于兼营应税交易，按照增值税法第十一条处理。

但是，如果纳税人销售活动板房等自产货物给甲公司，同时给甲公司提供建筑安装服务，本来按照实施办法规定应当界定为混合销售行为，并按照混合销售行为缴纳增值税。国家税务总局公告2017年第11号给出了一个非常与众不同的结论，不将其界定为混合销售，不属于《营业税改征增值税试点实施办法》（财税〔2016〕36号文件印发）第四十条规定的混合销售，应分别核算货物和建筑服务的销售额，分别适用不同的税率或者征收率。国家税务总局2017年第11号公告的处理是否会被继续依据增值税法的规定界定为兼营应税交易，尚存在一定的分歧和争议。

国家税务总局公告2017年第11号第四条（已经废止）规定："一般纳税人销售电梯的同时提供安装服务，其安装服务可以按照甲供工程选择适用简易计税方法计税。纳税人对安装运行后的电梯提供的维护保养服务，按照'其他现代服务'缴纳增值税。"据此可以推定一般纳税人销售电梯的同时提供安装服务，无论是该电梯是自产电梯还是外购电梯，实际上都允许不按照混合销售处理，分别核算各自的销售额。纳税人对安装运行后的电梯提供的维护保养服务，相对于此前销售电梯、提供安装电梯服务的行为，是相对独立的，实际上彼此之间构成兼营行为，电梯提供的维护保养服务需要单独核算其销售额并按照"其他现代服务"缴纳增值税。

《国家税务总局关于明确中外合作办学等若干增值税征管问题的公告》（国家税务总局公告2018年第42号）第六条规定"一般纳税人销售自产机器设备的同时提供安装服务，应分别核算机器设备和安装服务的销售额，安装服务可以按照甲供工程选择适用简易计税方法计税。一般纳税人销售外购机器设备的同时提供安装服务，如果已经按照兼营的有关规定，分别核算机器设备和安装服务的销售额，安装服务可以按照甲供工程选择适用简易计税方法计税。纳税人对安装运行后的机器设备提供的维护保养服务，按照'其他现代服务'缴纳增值税。"同时，该公告还明确规定，《国家税务总局关于进一步明确营改增有关征管问题的公告》(国家税务总局公告2017年第11号)第四条同时废止。国家税务总局公告2017年第11号第四条之所以被废止是因为其相关规定被扩展适用到所有的机器设备，但是相关分析的思路可以沿用。

第十三条 纳税人发生一项应税交易涉及两个以上税率、征收率的，按照应税交易的主要业务适用税率、征收率。

中国财税浪子技术提示——本条是混合应税交易的规定。当纳税人发生一项应税交易，但是这一项应税交易会涉及不同的税率、征收率的，此时为混合应税交易，概念上与此前的混合销售相通。混合应税交易的处理原则是按照该项应税交易的主要业务适用税率、征收率。

一、从混合销售到混合应税交易

实施办法第四十条规定："一项销售行为如果既涉及服务又涉及货物，为混合销售。从事货物的生产、批发或者零售的单位和个体工商户的混合销售行为，按照销售货物缴纳增值税；其他单位和个体工商户的混合销售行为，按照销售服务缴纳增值税。本条所称从事货物的生产、批发或者零售的单位和个体工商户，包括以从事货物的生产、批发或者零售为主，并兼营销售服务的单位和个体工商户在内。"混合销售涉及的面比较窄，尽管也强调是一项销售行为，但是该一项销售行为是货物与营改增试点销售服务的组合，采取的是"货物+服务"的模式。

混合应税交易的突破性在于打破了"货物+服务"的藩篱，只要是一项应税交易涉及两个或两个以上税率或者征收率的，就是“混合”，不考虑是货物、服务还是无形资产、不动产。混合应税交易大大拓展了混合销售的适用范围，在以后的业务中会更加受到关注。比如，房地产开发企业销售房屋并且赠送装修，在营改增试点期间属于“不动产+服务”模式，不属于混合销售，只能界定为兼营，但是在增值税法施行后，考虑到销售的不动产同时也是装修的对象，两者之间存在一定的依存关系，界定为混合应税交易似乎也是完全可行的。

另外还要注意，混合销售是按照纳税人的主要业务适用税率、征收率，混合应税交易则按照该项应税交易的主要业务适用税率、征收率。当然按照该项应税交易的主要业务在操作上也许还是会存在一定的争议，比如一项交易涉及的不同税率、征收率的部分往往是综合考虑进行商业报价的，比如某项应税交易涉及销售机器设备又负责特殊的安装，设备作价与安装服务价格是彼此影响的，到底应该按照一个什么样的标准来划分各自的金额从而判定以“谁”为主。当然“主要业务”是按照金额从定量的角度分析，还是按照业务范围、资质、主导性等从定性的角度确定，这也是以后需要解决的问题。

二、对工程总承包应界定为兼营应税交易还是混合应税交易的理解

工程总承包（EPC），是指承包单位按照与建设单位签订的合同，对工程设计、采购、施工或者设计、施工等阶段实行总承包，并对工程的质量、安全、工期和造价等全面负责的工程建设组织实施方式。在营改增试点期间，工程总承包主要有两种增值税处理模式：一种是兼营，对工程设计、采购、施工分别核算销售额，各自

按照适用税率计算缴纳增值税；另外一种是混合销售，比如都按照建筑服务计算缴纳增值税。还有的企业操作上会更复杂一些。依据增值税法，中国财税浪子主张按照混合应税交易处理。首先，这是一项应税交易，工程设计是后续采购施工的基础，设计出图，采购和施工都是“按图索骥”，而且采购和施工也是紧密联系的，具体作业之间存在明显的关联和依存关系。其次，该应税交易的不同组成部分会涉及不同的税率或者征收率。工程总承包业务符合混合应税交易的概念和基本特征，应当按照该项应税交易的主要业务去适用税率或者征收率。最终主要业务判断出来只能有一个，就按照这一个主要业务的税率或者征收率适用。当然如何判断一项工程总承包业务中的主要业务也是一件比较困难的事情，是“定量”还是“定性”。比如，有些观点认为，在工程总承包业务中谁是牵头的主导方，这个主导方的主营业务就是该应税交易的主要业务。比如，工程总承包是由一家勘察设计企业牵头主导作为总承包方的就按照勘察、设计适用的6%的税率征收增值税；如果总承包方是一家工程施工企业，就按照工程施工、建筑服务适用的9%的税率征收增值税；如果总承包商是一家大型设备制造企业，就按照设备销售适用的13%的税率征收增值税。这种观点其实是从“定性”的角度来判断该项应税交易的主要业务。

小贴士 提供充电服务属于增值税混合应税交易（混合销售）吗？

中国财税浪子解答：根据《国家发展改革委关于电动汽车用电价格政策有关问题的通知》（发改价格〔2014〕1668号）第二条规定：“充换电设施经营企业可向电动汽车用户收取电费及充换电服务费两项费用。其中，电费执行国家规定的电价政策，充换电服务费用于弥补充换电设施运营成本。”充换电设施经营企业进行业务处理时，有的将充电服务整体视为“兼营行为”，电费收入按照销售电力产品适用13%的增值税税率，对充换电服务费按照现代服务业适用6%的增值税税率。也有的充换电设施运营企业认为，收取的服务费和售电一起构成混合销售行为，统一按照主营业务电力销售项目适用13%的增值税税率。也有的充换电设施运营企业认为自己的主营业务是提供服务，即使是混合销售，也应该按照企业自身的主要业务适用6%的增值税税率。

在营改增试点期间，根据实施办法第三十九条规定：“纳税人兼营销售货物、劳务、服务、无形资产或者不动产，适用不同税率或者征收率的，应当分别核算适用不同税率或者征收率的销售额；未分别核算的，从高适用税率。”由于提供充电服务是一个整体，显然不是兼营，既不是两个以上税目的兼营，也不是适用不同税率或者征收率的兼营。根据实施办法第四十条规定：“一项销售行为如果既涉及服务又涉及货物，为混合销售。从事货物的生产、批发或零售的单位和个体工商户的混合销售行为，按照销售货物缴纳增值税；其他单位和个体工商户的混合销售行为，按照销售服务缴纳增值税。本条所称从事货物的生产、批发或者零售的单位和个体工商户，包括以从事货物的生产、批发或者零售为主，并兼营销售服务的单位和个体工商户。”考虑到充电服务整体是一项销售行为，按照混合销售处理似乎更为合适。

中国财税浪子的观点比较特殊，不仅不认为其属于兼营，也不认为其属于混合销售。如果我们将充换电服务与售电区分开来单独看待，充换电服务在营改增试点期间不应该是一项服务，而应该是一项劳务。这里有两个文件可以参考，一个是《国家税务总局关于电力公司过网费收入征收增值税问题的批复》（国税函〔2004〕607号）明确：“鉴于电力公司利用自身电网为发电企业输送电力过程中，需要利用输变电设备进行调压，属于提供加工劳务。根据《中华人民共和国增值税暂行条例》有关规定，电力公司向发电企业收取的过网费，应当征收增值税，不征收营业税。”另外一个是《国家税务总局关于供电企业收取并网服务费征收增值税问题的批复》（国税函〔2009〕641号）明确：“供电企业利用自身输变电设备对并入电网的企业自备电厂生产的电力产品进行电压调节，属于提供加工劳务。根据《中华人民共和国增值税暂行条例》和《中华人民共和国营业税暂行条例》有关规定，对于上述供电企业进行电力调压并按电量向电厂收取的并网服务费，应当征收增值税，不征收营业税。”我们理解，即使充换电实施运营企业收取的服务费与电费不同，也不应该视为营改增试点中的销售服务，而是销售劳务。一项销售行为既涉及货物，又涉及劳务，不是增值税暂行条例实施细则和实施办法所称的混合销售，也不是兼营。中国财税浪子主张，要么都按照售电缴纳销售货物的13%的增值税；要么都按照充换电服务缴纳销售劳务也是13%的增值税。

增值税法施行后，销售劳务不再单独存在，而是并入销售服务。依据增值税法第十三条“纳税人发生一项应税交易涉及两个以上税率、征收率的，按照应税交易的主要业务适用税率、征收率”的规定，基于其还是一项应税交易，但涉及的税率都是13%，还是不属于混合销售。比较合适的处理方法还是按照销售货物或者销售加工修理修配服务中的一种按照13%缴纳增值税。

三、电信企业的融合套餐业务

根据《财政部 国家税务总局关于全面推开营业税改征增值税试点的通知》（财税〔2016〕36号）附件2《营业税改征增值税试点有关事项的规定》确认，试点纳税人销售电信服务时，附带赠送用户识别卡、电信终端等货物或者电信服务的，应将其取得的全部价款和价外费用进行分别核算，按各自适用的税率计算缴纳增值税。该项服务，本意上更接近于实施办法中的混合销售，但是并没有采用混合销售的原则对其征税，而是允许其分别核算服务和货物的销售额。但是既然是融合套餐，还是属于一项销售行为，因此也不属于兼营行为。

基于融合套餐既涉及销售税率为13%的货物，又涉及销售税率为6%或者9%的电信服务，按照增值税法规定，融合套餐更接近于属于纳税人发生一项应税交易涉及两个以上税率、征收率的，按照应税交易的主要业务适用税率、征收率。但是，是否会改为按照增值税法规定的混合应税交易处理还存在一定的不确定性。

第三章　应纳税额

第十四条　按照一般计税方法计算缴纳增值税的，应纳税额为当期销项税额抵扣当期进项税额后的余额。

按照简易计税方法计算缴纳增值税的，应纳税额为当期销售额乘以征收率。

进口货物，按照本法规定的组成计税价格乘以适用税率计算缴纳增值税。组成计税价格，为关税计税价格加上关税和消费税；国务院另有规定的，从其规定。

中国财税浪子技术提示——本条是关于计税方法的规定。计税方法最典型的分类是分为一般计税方法和简易计税方法。

一、应税交易的计税方法

应税交易的计税方法包括一般计税方法和简易计税方法。一般计税方法其实是扣税法，即当期销项税额抵扣当期可以抵扣的进项税额。简易计税方法则不考虑抵扣，直接根据销售额和征收率计算税额。

二、进口货物的计税方法

进口货物的计税方法是组价法，组成计税价格=关税计税价格+

关税+消费税，应纳税额=组成计税价格×适用税率。

小贴士 关注增值税法第十四条的关税计税价格

中国财税浪子解答：《中华人民共和国进出口关税条例》对关税计税依据使用的概念是“完税价格”。相应的，《中华人民共和国增值税暂行条例》第十四条在规定进口货物的组成计税价格时也是采用了“关税完税价格”的概念。在关税条例中使用完税价格的概念不仅与其他税种使用的“计税价格”的概念不一致，而且容易被理解为“包含关税税款的价格”。这与通行的关税计税依据不含关税的理解存在一定的偏差。

2024年12月1日开始施行的《中华人民共和国关税法》将关税的计税依据改为通行的“计税价格”，这个概念的名称与内涵保持一致，体现了专业术语和概念的科学性和确定性，也和其他税种的表述相统一。

按照关税法要求，有一部分货物是采取从量计征的方式征收关税，不适用计税价格的概念，但是这部分货物还是需要按照组成计税价格计征进口环节增值税。遇到这种情况，可以借鉴关税法第三章有关计税价格的确定方式确定关税计税价格再根据增值税法第十四条的规定确定组成计税价格。

第十五条 境外单位和个人在境内发生应税交易，以购买方为扣缴义务人；按照国务院的规定委托境内代理人申报缴纳税款的除外。

扣缴义务人依照本法规定代扣代缴税款的，按照销售额乘以税率计算应扣缴税额。

中国财税浪子技术提示——本条是关于跨境交易的代扣代缴税款的规定。《中华人民共和国税收征收管理法》第四条第二款和第三款规定："法律、行政法规规定负有代扣代缴、代收代缴税款义务的单位和个人为扣缴义务人。纳税人、扣缴义务人必须依照法律、行政法规的规定缴纳税款、代扣代缴、代收代缴税款。"因此，在增值税法中要对增值税的扣缴义务进行统一规定。

一、为什么要在增值税法第十五条增加委托境内代理人申报缴纳税款的情形

全国人民代表大会宪法和法律委员会在关于《中华人民共和国增值税法（草案三次审议稿）》修改意见的报告中专门解释了为何要在法律中规定委托境内代理人申报的情形。有的常委委员提出，境外单位和个人在境内发生应税交易的，可以委托其境内代理人申报纳税，建议予以明确。宪法和法律委员会经研究，建议采纳这一意见。这样在增值税法第十五条规定购买方扣缴义务的基础上，增加了"按照国务院的规定委托境内代理人申报缴纳税款的除外"的规定。据此，我们可以将增值税的扣缴申报区分为法定扣缴申报和代理扣缴申报。其中法定扣缴申报义务人为应税交易的购买方，代理扣缴申报则由境内受托代理人负责。这两种扣缴方式涉及的增值税税款都必须按照适用税率计算，不适用3%的征收率，应扣缴税额=销售额×税率。这种计税方式，其实既不是一般计税，也不是简易计税。

小贴士　增值税法第十五条增加了"按照国务院的规定委托境内代理人申报缴纳税款的除外"的规定，实际上允许在境内发生应税交易的境外单位和个人委托境内代理人进行申报，在其他税种的立法中存在类似的情况吗？

中国财税浪子解答：在印花税法中也有委托境内代理人申报的规定。印花税法第十四条规定："纳税人为境外单位或者个人，在境内有代理人的，以其境内代理人为扣缴义务人；在境内没有代理人的，由纳税人自行申报缴纳印花税，具体办法由国务院税务主管部门规定。"《国家税务总局关于实施〈中华人民共和国印花税法〉等有关事项的公告》（国家税务总局公告2022年第14号）第一条还专门补充："纳税人为境外单位或者个人，在境内有代理人的，以其境内代理人为扣缴义务人。境外单位或者个人的境内代理人应当按规定扣缴印花税，向境内代理人机构所在地（居住地）主管税务机关申报解缴税款。纳税人为境外单位或者个人，在境内没有代理人的，纳税人应当自行申报缴纳印花税。境外单位或者个人可以向资产交付地、境内服务提供方或者接受方所在地（居住地）、书立应税凭证境内书立人所在地（居住地）主管税务机关申报缴纳；涉及不动产产权转移的，应当向不动产所在地主管税务机关申报缴纳。"在印花税法规定的委托境内代理人申报制度中，没有对境内代理人的身份进行限制。我们理解，这个境内代理人可以是税务师事务所、会计师事务所、律师事务所等涉税专业服务机构，也可以是不属于涉税专业服务机构的其他受托代理人；既可以是与印花税应税凭证有一定联系的境内受托代理人，也可以是与印花税应税凭证没有任何关系的其他境内受托代理人。这个境内代理人可以是单位，也可以是个人。增值税法有关委托境内代理人申报缴纳税款的规定与印花税法的总体思路是一致的。

《中华人民共和国税收征收管理法》第八十九条规定："纳税人、扣缴义务人可以委托税务代理人代为办理税务事宜。"应当承认，增值税法、印花税法有关委托境内代理人进行申报的规定同样符合税收征管法第八十九条的规定，但是这仅仅是从个别实体法的角度进行了明确，而且实体法和征管法对代理人的身份、属性、代理范围的要求未必一样，不能将这些规定完全等同起来。

二、关税法有关扣缴义务人的规定对进口货物环节增值税代扣代缴的影响

增值税法第十五条有关代扣代缴的规定仅仅是针对应税交易，暂未涉及进口货物。但是我国关税法其实也有关于代扣代缴的要求。

关税法第三条规定：“进口货物的收货人、出口货物的发货人、进境物品的携带人或者收件人，是关税的纳税人。从事跨境电子商务零售进口的电子商务平台经营者、物流企业和报关企业，以及法律、行政法规规定负有代扣代缴、代收代缴关税税款义务的单位和个人，是关税的扣缴义务人。”第七十条规定：“进口环节海关代征税的征收管理，适用关税征收管理的规定”。据此可以看出按照海关的征管要求，从事跨境电子商务零售进口的电子商务平台经营者、物流企业和报关企业，以及法律、行政法规规定负有代扣代缴、代收代缴关税税款义务的单位和个人，不仅是关税的扣缴义务人，而且也应当是进口货物环节增值税的扣缴义务人。

第十六条　销项税额，是指纳税人发生应税交易，按照销售额乘以本法规定的税率计算的增值税税额。

进项税额，是指纳税人购进货物、服务、无形资产、不动产支付或者负担的增值税税额。

纳税人应当凭法律、行政法规或者国务院规定的增值税扣税凭证从销项税额中抵扣进项税额。

中国财税浪子技术提示——本条是关于销项税额和进项税额的基本规定。

一、销项税额

销项税额是针对应税交易的销售端而言，是销售端按照销售额乘以适用税率计算的增值税税额。增值税税额具有价外属性，因此不属于销售额本身。比如某项应税交易的销售额是1000万元，适用税率为6%，则相应的销项税额是1000×6%=60万元。销售额本身是不含税销售额1000万元，60万元的销项税额属于价外税款，是在这1000万元之外。当然如果将销售额和销项税额合并在一起看就是含税销售额。需要注意的是，销项税额还具有转嫁性，通常情况下，销项税额是随着应税交易一起转嫁给应税交易的购买方的。暂行条例第五条曾经规定："纳税人发生应税销售行为，按照销售额和本条例第二条规定的税率计算收取的增值税额，为销项税额"。但是由于视同应税交易等一些特殊情况的存在，增值税税额不一定都能转嫁出去，因此可能也无法收取，增值税法第十六条在对销项税额进行定义时不再强调是收取的增值税税额也包含这方面的因素。

二、进项税额

进项税额是发生在应税交易的前端，比如为了销售货物而采购原材料支付的进项税额，为了销售货物而采购用于生产货物的机器设备支付的进项税额等。通常发生进项税额是为了未来获得或者创造销项税额，但是进项税额和销项税额往往无法一一对应。进项税额是纳税人为了购买货物、服务、无形资产和不动产而支付或者负担的增值税税额。比如，纳税人采购免税农产品而计算出来的可抵扣税额10万元，该税额本身是支付的农产品采购价款的一部分，纳税人采购免税农产品支付价款环节由于对方免税，因此这部分税款无法单独通过交易凭证标注，不适合将其称为购买方支付的税款，而只能根据一定的方法计算出来，因此税法将其称为购买方负担的税额。

小贴士 根据增值税法第十六条第二款规定："进项税额，是指纳税人购进货物、服务、无形资产、不动产支付或者负担的增值税税额"，请问如何理解这里"负担"的增值税税额这样的表述？

中国财税浪子解答： 通常情况下进项税额是纳税人在购进货物、服务、无形资产或者不动产环节支付的增值税税额。但是，根据增值税法第二十四条规定，农业生产者销售的自产农产品免征增值税。这就是通常所称的免税农产品，纳税人在购进免税农产品环节，并未向农业生产者直接支付增值税税额，因此不属于增值税进项税额的定义中"支付"的增值税税额的情形。参考暂行条例规定，购进农产品，除取得增值税专用发票或者海关进口增值税专用缴款书外，按照农产品收购发票或者销售发票上注明的农产品买价和扣除率计算的进项税额是准予抵扣的。这种情况下根据买价和扣除率计算的进项税额实际上就是购进农产品环节"负担"的增值税税额。

一个戏剧性的话题，消失的相关性。增值税法草案三次审议稿第十五条还试图规定："进项税额，是指纳税人购进与应税交易相关的货物、服务、无形资产、不动产支付或者负担的增值税税额"。立法者一直强调进项税额必须"与应税交易相关"，但是这个相关却给进项税额的界定带来了莫大的"苦难"。比如，这个相关是广义相关还是狭义相关，是直接相关还是间接相关，是单笔应税交易相关还是和整体应税交易相关，是和购买方的应税交易相关还是和销售方的应税交易相关，都是几乎无法界定的难题，因此增值税法第十六条最终勇敢取消了"与应税交易相关"的定语，回归进项税额的传统理解。

小贴士 我们是缴纳增值税的企业，不属于小规模纳税人，采用一般计税方法计税，在和税务机关打交道时，经常会听到主管税务机关的征管人员或者稽查干部跟我们说：这个进项税额与生产经营无关，那个进项税额与生产经营无关，某某进项税额与生产经营无关，不允许我们抵扣进项税额，请问这样用与生产经营无关还是有关来判定进项税额可否抵扣是否符合税法要求？

中国财税浪子解答：在采用一般计税方法的情况下，纳税人实行扣税法计算应缴纳的增值税税额，如果没有法律、行政法规或者国务院的专门限制，一项实际发生的进项税额是可以抵扣的，这样才能保证最终征收的是增值税，而不是传统的全额征税的营业税、消费税。因此，第二十二条对不得从销项税额中抵扣的进项税额进行了列举，而且还设置了国务院规定的其他进项税额不允许抵扣的一个兜底条款。我们理解，结合增值税法第十六条第二款进项税额的定义以及第十六条第三款对增值税扣税凭证的要求，还有增值税法第二十二条禁止抵扣的规定，税务机关单方面以“与生产经营无关”为借口或者理由限制进项税额的抵扣，是于法无据的。

三、扣税凭证

因为一般计税方法的本质是扣税法，需要从销项税额中抵扣可以抵扣的进项税额，因此增值税法明确需要凭符合规定的扣税凭证进行抵扣。我们如果将扣税凭证称为抵扣凭证也是可行的。这个扣税凭证应当由法律、行政法规或者国务院规定。暂行条例第九条规定“纳税人购进货物、劳务、服务、无形资产、不动产，取得的增值税扣税凭证不符合法律、行政法规或者国务院税务主管部门有关规定的，其进项税额不得从销项税额中抵扣”。这个规定是从反向禁止的角度来说的，意思是说扣税凭证不合规禁止抵扣进项税额。但是增值税法第十六条则从正面强调应当凭合规凭证抵扣进项税额。但是最终想要表达的意思是一样的，只不过暂行条例中符合国务院税务主管部门的规定升级为符合国务院的规定。换句话说，当纳税人与税务机关就扣税凭证的合规性产生争议时，税务机关不能仅仅根据国家税务总局的文件对凭证合规性的要求来限制纳税人的抵扣权，从这个角度来说，进步意义还是比较大的。

第十七条 销售额，是指纳税人发生应税交易取得的与之相关的价款，包括货币和非货币形式的经济利益对应的全部价款，不包括按照一般计税方法计算的销项税额和按照简易计税方法计算的应纳税额。

中国财税浪子技术提示——本条是关于销售额的界定。销售额是发生应税交易取得的与应税交易相关的价款。

一、构建应税交易的基本要素

我们此前曾经多次分析应税交易的概念，在这里中国财税浪子试图对应税交易的构成要素进行分析。一项应税交易并不是凭空存在的，结合增值税的整体规定，我们认为，除了满足增值税法第三条规定的“在境内”的要求外，一项销售货物、服务、无形资产或者不动产的交易必须包括以下要素，才可以成为一项具有“可税性”的应税交易，才可以纳入增值税征税范围征收增值税。

要素1——交易主体。交易主体包括交易的销售方和购买方。

比如在销售货物中，给付货物的一方是销售方，支付对价的一方是购买方。在销售服务中，提供服务的一方为销售方，接受服务的一方为购买方。如果一项行为没有主体，或者主体残缺，都无法交易，其实也就无法构成应税交易。比如，在增值税法第五条谈到的“单位和个体工商户将自产或者委托加工的货物用于集体福利或者个人消费”的情形中，给付货物的一方将货物用于集体福利或者个人消费，但是并不存在任何购买方，该行为其实不属于应税交易，原本不应该纳入增值税征收范围。但是增值税法考虑到抵扣链条的完整等原因，在第五条将其直接视为应税交易，强行拉回应税交易范畴，使其纳入征收范围。

要素2——交易客体。交易客体是主体销售和购买的对象或者标的。货物、服务、无形资产和不动产都是交易客体。如果销售或者购买的客体不属于应税范围，同样不构成应税交易。比如公司股东转让其持有的有限责任公司股权，这种股权不属于货物、服务、无形资产和不动产中的任何一种，因此转让股权就不会成为应税交易。我们在此前的分析中，曾经认为转让股权天然不是应税交易。再比如，《国家税务总局关于印发〈增值税若干具体问题的规定〉的通知》（国税发〔1993〕154号）在其征税范围中规定：“供应或开采未经加工的天然水（如水库供应农业灌溉用水，工厂自采地下水用于生产），不征收增值税。”尽管实际征管操作中对于原水的概念和内涵还存在一定的争议，但是如果确实符合原水的基本定义，的确是在销售原水，就属于应税交易客体不达标，不构成应税交易。

要素3——交易对价。交易对价，是指纳税人发生应税交易取得的与之相关的价款，包括货币和非货币形式的经济利益对应的全部价款。应税交易必须是有偿转让货物、有偿提供服务、有偿转让无形资产和不动产的行为，这个行为的特征是有偿和收取对价，本书也将其合并在一起作为一个要素来看待，就是交易对价。在增值税法第五条涉及的“单位和个体工商户无偿转让货物”和“单位和个人无偿转让无形资产、不动产或者金融商品”两种情形中，无偿转让标的的一方都自然不会取得与之相关的价款，不存在交易对价，因此无偿转让原本不是应税交易。但是增值税法同样是出于保持增值税抵扣链条完整、平衡当事人税负等角度考虑，将其强行拉回征收范围，直接规定为视同应税交易。

在谈到交易对价时，我们还需要考虑一个细节，交易与对价之间的关系或者联系，就是增值税法第十七条所称的“与之相关”。交易必须与价款“相关”，才是交易对价。如果交易与价款不相关，那么价款还不是对价，也不能对其课税。比如，一个乞丐采用在街头拉二胡的方式进行表演，路人纷纷赠与硬币或者纸钞，此时乞丐取得的货币不是对价，因为该项价款与乞丐发生的“拉二胡”这样的表演行为之间并不是“与之相关”，路人可以投币予以施舍，也可以“一毛不拔”扬长而去，即使“解囊相助”也是可多可少、可大可小，金额上具有随意性。如果将乞丐的表演看作一项交易，路人施舍的钱财却不是表演取得的对价，我们不能将其界定为应税交易，对于乞丐取得的钱财也不能征收增值税。再比如，相声明星郭××进行曲艺表演，每场演出票价200元，观众购票交费，这部分收费为郭××提供演艺服务收取的对价，属于发生应税交易，需要缴纳增值税。但是观众出于对演出明星的喜爱，在演出舞台的台口摆放了各种礼物，有各种食品、鲜花、购物卡、首饰、把玩件、手机等，甚至还有现金，这些礼物是观众的馈赠，与具体的演出没有直接联系，观众给不给都一样，给多给少都一样，给实物还是给现金都一样，这部分收获的礼物不属于本次演出的对价，不需要纳入应税交易的销售额计算缴纳增值税。

对于应税交易的构成要素，可以从不同角度进行拆分或者进一步细分，本书基于识别性和简单易行的考虑，将其高度浓缩为主体、客体和对价三个基本要素。一项行为，只有三个要素全部满足，才可以称为应税交易，否则就不属于应税交易。属于应税交易的可以直接征税，但是也可以进行例外性排除，这就是增值税法第六条规定的“不属于应税交易”。增值税法第六条不应该理解为对全部“不属于应税交易”情形的列举，事实上也无法一一列举所有的“不属于应税交易”的情形。增值税法第六条列举的仅仅是那种形式上具备应税交易的特征或者构成要素，但是又确实因为种种原因不适合征收增值税的情形。

另外，不属于应税交易的通常不可以征收增值税，但是基于特殊考虑需要纳入征收范围的就是增值税法第五条规定的“视同应税交易”。

小贴士　应税交易与取得的价款之间的相关性问题举例

中国财税浪子解答：按照增值税法第十七条规定，销售额是指纳税人发生应税交易取得的与之相关的价款，包括货币和非货币形式的经济利益对应的全部价款。简单地说，不能将发生应税交易取得的全部经济利益都纳入销售额范畴，必须考虑这部分经济利益与应税交易的相关性，这些价款必须是应税交易增值的价值体现。这里可以拿大家经常遇到的财政补贴收入作为举例。

根据《国家税务总局关于取消增值税扣税凭证认证确认期限等增值税征管问题的公告》（国家税务总局公告2019年第45号）第七条规定：“纳税人取得的财政补贴收入，与其销售货物、劳务、服务、无形资产、不动产的收入或者数量直接挂钩的，应按规定计算缴纳增值税。纳税人取得的其他情形的财政补贴收入，不属于增值税应税收入，不征收增值税。”其实有的财政补贴款是和应税交易相关的价值体现，需要并入销售额征收增值税。有的财政补贴款不属于应税交易相关的价值体现，不对其征收增值税。国家税务总局公告2019年第45号将这种相关性概括为与销售收入或者数量直接挂钩，这是比较合理的。我们以增值税法为蓝本，结合几个具体案例进行分析。

1.某企业取得了废弃电器电子产品处理资格，从事废弃电器电子产品拆解处理。该企业购进废弃电视1000台，全部进行拆解后卖出电子零件，按照《废弃电器电子产品回收处理管理条例》规定，取得按照实际完成拆解处理的1000台电视的财政资金奖补，是否需要缴纳增值税？

答：该企业拆解处理废弃电视取得的补贴，与其回收后拆解处理的废弃电视数量有关，与其拆解后卖出电子零件的收入或数量不直接相关，不属于国家税务总局公告2019年第45号公告规定的“销售货物、劳务、服务、无形资产、不动产的收入或者数量直接挂钩”，无需缴纳增值税。根据增值税法规定，该财政奖补资金不属于纳税人发生应税交易取得的与之相关的价款，无需计入销售额计算缴纳增值税。

2.为鼓励航空公司在本地区开辟航线，某市政府与航空公司商定，如果航空公司从事该航线经营业务的年销售额达到1000万元则不予补贴，如果年销售额未达到1000万元，则按实际年销售额与1000万元的差额给予航空公司航线补贴。如果航空公司取得该航线补贴，是否需要缴纳增值税？

答：本例中航空公司取得补贴的计算方法虽与其销售收入有关，但实质上是市政府为弥补航空公司运营成本给予的补贴，且不影响航空公司向旅客提供航空运输服务的价格（机票款）和数量（旅客人数），不属于国家税务总局公告2019年第45号公告规定的“销售货物、劳务、服务、无形资产、不动产的收入或者数量直接挂钩”，无需缴纳增值税。根据增值税法规定，该航线补贴资金不属于纳税人发生应税交易取得的与之相关的价款，无需计入销售额计算缴纳增值税。

3.增值税一般纳税人取得的财政补贴收入，与其销售货物、服务、无形资产、不动产的收入或者数量直接挂钩的，应按什么税率计算缴纳增值税？

答：增值税一般纳税人取得的财政补贴收入，与其销售货物、服务、无形资产、不动产的收入或者数量直接挂钩的，按其销售货物、服务、无形资产、不动产的适用税率计算缴纳增值税。此处的服务包括实现增值税立法之前的劳务。

二、销售额不包含税额

这一点和增值税价外税的属性是完全一致的，不再赘述。

小贴士 纳税人发生应税交易取得的与之相关的价款一定是来自交易的购买方吗？是不是只有来自购买方的价款支付才可以构成应税交易销售额？

中国财税浪子解答：按照增值税法第十七条规定，销售额是指纳税人发生应税交易取得的与之相关的价款，包括货币和非货币形式的经济利益对应的全部价款。税法仅强调该价款与应税交易的直接相关性（关联性），但是并不限制该项价款一定要从购买方获取。在实际业务中，会有第三方支付或者承担一部分价款的情形。比如，某商业银行推出刷本行信用卡在特约商户（饭店）消费的八折优惠，信用卡持卡人接受餐饮服务结账时，仅需要支付正常收费的80%，其余的20%由商业银行补足，假设消费者就餐需要付费1000元，但是其刷卡支付仅需要付款800元给饭店，其余的20%的费用由银行和饭店单独结算，银行会对饭店补贴200元。那么对饭店而言，其提供餐饮服务发生应税交易的对价，不仅包括来自消费者本人结算的800元，也包括银行补贴支付的200元，都属于与应税交易相关的价款，饭店在申报增值税销售额时不能只申报来自消费者800元，对于来自银行补贴的200元同样也需要纳入销售额。

三、几个具体问题的探讨

1.财税〔2016〕39号文件规定，中国移动通信集团公司、中国联合网络通信集团有限公司、中国电信集团公司及其成员单位通过手机短信公益特服号为列入名单的公益性机构接受捐款，以其取得的全部价款和价外费用，扣除支付给公益性机构捐款后的余额为销售额。其接受的捐款，不得开具增值税专用发票。按照增值税法，上述电信企业收取的电信用户公益捐款并不是其发生应税交易取得的与之相关的价款，其实不宜列入销售额计算缴纳增值税。财税〔2016〕39号文件采取了“差额征税”的方式确定其销售额，最终其实也没有将捐款额并入电信企业的销售额。但是这样操作可以解决捐款用户取得捐赠发票（这个捐赠发票不是严格意义上作为财政票据的公益事业捐赠票据）的问题。

2.财税〔2016〕39号文件规定，中国证券登记结算公司的销售额，不包括以下资金项目：按规定提取的证券结算风险基金；代收代付的证券公司资金交收违约垫付资金利息；结算过程中代收代付的资金交收违约罚息。这部分款项属于代收代付性质，与中国结算提供的证券登记结算服务无关，不属于发生应税交易取得的与之相关的价款，同样不应该列入销售额。

小贴士　差额征税是否会随着新的增值税法的出台而彻底被取消，因为我们发现增值税法全篇没有讲到“差额征税”？

中国财税浪子解答：在增值税法草案二审稿中，确实有这样一句话“国务院对特殊情况下差额计算销售额另有规定的，从其规定”。最终出台的增值税法第十七条删除了这一内容。中国财税浪子认为，差额计算销售额属于非常专业的增值税技术规范，如果统一规定由国务院来“另有规定”，其实是非常不便于操作的，因此增值税法不再保留有关差额计算销售额的表述。

全国人民代表大会宪法和法律委员会在2024年12月21日向全国人大常委会作有关草案审议结果的报告也给出解释，有的常委委员建议，按照党的二十届三中全会决定关于“全面落实税收法定原则，规范税收优惠政策”的要求，进一步减少草案中的立法授权条款，完善税收优惠规定。宪法和法律委员会经同有关方面研究，建议删去草案二次审议稿中关于授权国务院规定视同应税交易的兜底情形、按照简易方法计税的特殊情形、按照差额计算销售额的特殊情形、放弃增值税优惠后不得享受该项优惠的期限、纳税人进行汇总纳税的审批机关等内容，改由在法律中直接作出规定，或者经清理规范后纳入税收优惠范围；同时删去个别免税项目。从这里可以看出，有关差额计算销售额的特殊情形不再列入法律正式文本，但是考虑到增值税法第二十五条还保留有关对国务院制定增值税专项优惠政策的授权，因此并不排除差额计算销售额会采用另外的形式在后续增值税配套政策中继续给予必要的安排。当然这样安排又会引发新的问题，比如过去我们普遍认为简易计税不是增值税优惠政策，而是一项计税方法；差额计税同样不是增值税优惠政策，而是一种特殊的确认销售额的情形。考虑到增值税法规定得过于笼统，还不排除在有些特殊规范上会存在一些新的理念。

四、关于销售金融商品的销售额的确定

在营改增试点期间，金融商品转让，按照卖出价扣除买入价后的余额为销售额，也就是大家都非常熟悉的卖出价减掉买入价。转让金融商品出现的正负差，按盈亏相抵后的余额为销售额。若相抵后出现负差，可结转下一纳税期与下期转让金融商品销售额相抵，

但年末时仍出现负差的，不得转入下一个会计年度。金融商品的买入价，可以选择按照加权平均法或者移动加权平均法进行核算，选择后36个月内不得变更。金融商品转让，不得开具增值税专用发票。对金融商品转让征收增值税没有采用总额法，而是采用净额法。对货物的销售，我们采用的是总额法来征收增值税，总体是按照卖出价确定销项税额，按照买入价确定进项税额，然后是抵扣税款，中间需要通过增值税发票等扣税凭证进行链接。但是在计算金融商品转让的增值税时制度上采用卖出价减掉买入价计算差额或者余额，然后按照税率算出税额的方式。这个净额法在营改增试点期间普遍被视为增值税差额征税的一种具体表现形式。

据了解，在增值税法草案最初设计时，试图将销售金融商品征收增值税改为类似于销售货物的“大进大出”的方式，但是最终还是放弃了这种思路，因为这种思路高度依赖“以票控税”，操作难度很大。而且在此前历次审议的增值税草案中也保留了有关差额计算销售额也就是差额征税的规定，差额征税规定的保留似乎预示着销售金融商品确定销售额的方式大概率会延续此前金融商品转让确认销售额的方式。但是，前已述及，增值税法对差额计税进行了必要的调整，因此增值税法施行后销售金融商品如何征收增值税可能会有一定的变化，或许是具体计算方式上的变化，或许是计税理念上的变化。中国财税浪子主张在增值税法施行后，可以考虑直接规定销售金融商品继续采用按照卖出价扣除买入价后的余额为销售额，但是需要在立法理念上明确这种方式并不是采用差额计算的方式确定销售额，而是根据销售金融商品的特性单独为销售金融商品设计的销售额，体现增值税按照增值额征税的基本规律。而且这种确认销售额的方式也不属于什么性质的税收优惠。

第十八条 销售额以人民币计算。纳税人以人民币以外的货币结算销售额的，应当折合成人民币计算。

中国财税浪子技术提示——本条是关于外币折算的规定。

因为人民币是本位币，通常情况下的应税交易也是用人民币结算的，因此销售额自然也是以人民币计算，最终采用人民币缴纳税款。有些应税交易本身在发生时是用外币结算的，此时需要将外币折算为人民币计算销售额。《增值税暂行条例实施细则》第十五条规定，纳税人按人民币以外的货币结算销售额的，其销售额的人民币折合率可以选择销售额发生的当天或者当月1日的人民币汇率中间价。纳税人应在事先确定采用何种折合率，确定后1年内不得变更。实施办法针对营改增业务规定，纳税人按照人民币以外的货币结算销售额的，应当折合成人民币计算，折合率可以选择销售额发生的当天或者当月1日的人民币汇率中间价。纳税人应当在事先确定采用何种折合率，确定后12个月内不得变更。增值税法目前只是笼统规定，纳税人以人民币之外的货币结算销售额的，应当折合为人民币计算。因此还需要在后续比照实施细则或者实施办法的思路进一步进行细化。

除了增值税以外，我们在这里也将其他税种涉及的外币折算的规定进行简单归纳总结：

1.消费税。《中华人民共和国消费税暂行条例实施细则》第十一条规定："纳税人销售的应税消费品，以人民币以外的货币结算销售额的，其销售额的人民币折合率可以选择销售额发生的当天或者当月1日的人民币汇率中间价。纳税人应在事先确定采用何种折合率，确定后1年内不得变更。"

2.个人所得税。《中华人民共和国个人所得税法》第十六条规定："各项所得的计算，以人民币为单位。所得为人民币以外的货币的，按照人民币汇率中间价折合成人民币缴纳税款。"《中华人民共和国个人所得税法实施条例》第三十二条规定，"个人所得为人民币以外货币的，按照办理纳税申报或者扣缴申报的上一月最后一日人民币汇率中间价，折合成人民币计算应纳税所得额。年度终了后办理汇算清缴的，对已经按月、按季或者按次预缴税款的人民币以外货币所得，不再重新折算；对应当补缴税款的所得部分，按照上一纳税年度最后一日人民币汇率中间价，折合成人民币计算应纳税所得额。"

《国家税务总局关于发布〈股权转让所得个人所得税管理办法（试行）〉的公告》（国家税务总局公告2014年第67号）还规定："转让的股权以人民币以外的货币结算的，按照结算当日人民币汇率中间价，折算成人民币计算应纳税所得额。"

3.企业所得税。《中华人民共和国企业所得税法实施条例》规定："预缴企业所得税时，企业所得以人民币以外的货币计算的，应当按照月度或者季度最后一日的人民币汇率中间价，折合成人民币计算应纳税所得额。年度汇算清缴时，对已经按照月度或者季度预缴税款的，不再重新折合计算，只就该纳税年度内未缴纳企业所得税的部分，按照纳税年度最后一日的人民币汇率中间价，折合成人民币计算应纳税所得额。经税务机关检查确认，企业少计或者多计前款规定的所得的，应当按照检查确认补税或者退税时的上一个月最后一日的人民币汇率中间价，将少计或者多计的所得折合成人民币计算应纳税所得额，再计算应补缴或者应退的税款。"

《国家税务总局关于非居民企业所得税源泉扣缴有关问题的公告》（国家税务总局公告2017年第37号）规定："扣缴义务人支付或者到期应支付的款项以人民币以外的货币支付或计价的，分别按以下情形进行外币折算：（一）扣缴义务人扣缴企业所得税的，应当按照扣缴义务发生之日人民币汇率中间价折合成人民币，计算非居民企业应纳税所得额。扣缴义务发生之日为相关款项实际支付或者到期应支付之日。（二）取得收入的非居民企业在主管税务机关责令限期缴纳税款前自行申报缴纳应源泉扣缴税款的，应当按照填开税收缴款书之日前一日人民币汇率中间价折合成人民币，计算非居民企业应纳税所得额。（三）主管税务机关责令取得收入的非居民企业限期缴纳应源泉扣缴税款的，应当按照主管税务机关作出限期缴税决定之日前一日人民币汇率中间价折合成人民币，计算非居民企业应纳税所得额。"

《国家税务总局关于发布〈企业境外所得税收抵免操作指南〉的公告》（国家税务总局公告2010年第1号）规定："企业取得的境外所得已直接缴纳和间接负担的税额为人民币以外货币的，在以人民币计算可予抵免的境外税额时，凡企业记账本位币为人民币的，应按企业就该项境外所得记入账内时使用的人民币汇率进行换算；凡企业以人民币以外其他货币作为记账本位币的，应统一按实现该项境外所得对应的我国纳税年度最后一日的人民币汇率中间价进行换算。"

4. 土地增值税。《中华人民共和国土地增值税暂行条例实施细则》第二十条规定："土地增值税以人民币为计算单位。转让房地产所取得的收入为外国货币的，以取得收入当天或当月1日国家公布的市场汇价折合成人民币，据以计算应纳土地增值税税额。"

5. 房产税。《财政部 国家税务总局关于对外资企业及外籍个人征收房产税有关问题的通知（财税〔2009〕3号）规定："以人民币以外的货币为记账本位币的外资企业及外籍个人在缴纳房产税时，均应将其根据记账本位币计算的税款按照缴款上月最后一日的人民币汇率中间价折合成人民币。"

6.印花税。根据《财政部 税务总局关于印花税若干事项政策执行口径的公告》（财政部 税务总局公告2022年第22号）规定："应税凭证金额为人民币以外的货币的，应当按照凭证书立当日的人民币汇率中间价折合人民币确定计税依据。"

7.车辆购置税。《中华人民共和国车辆购置税法》第八条规定："纳税人以外汇结算应税车辆价款的，按照申报纳税之日的人民币汇率中间价折合成人民币计算缴纳税款。"

8.关税。《中华人民共和国关税法》第六十条第二款规定："进出口货物、进境物品的价格以及有关费用以人民币以外的货币计算的，按照纳税人完成申报之日的计征汇率折合为人民币计算。"

第十九条 发生本法第五条规定的视同应税交易以及销售额为非货币形式的，纳税人应当按照市场价格确定销售额。

中国财税浪子技术提示——本条是关于特殊情况下按照市场价格确定销售额的规定。

这种特殊情况包括两种情形，第一种情形是发生视同应税交易，这些交易的销售额其实是虚拟的，原本并不存在，往往没有实际结算，也没有直接的现金流入，因此需要统一规定按照相应的市场价格确定销售额。比如，增值税法第五条规定，单位和个体工商户将自产或者委托加工的货物用于集体福利或者个人消费应当视同应税交易，但是此时并没有通常意义上款项的收付，无法直接确定交易金额，增值税法第十九条对此引入公允价值机制，要求按照市场价格确定销售额。另外一种情形是实际发生应税交易，但是该应税交易采用的是非货币、非现金结算的方式，比如甲公司销售货物给乙公司，乙公司采用非货币形式的对价支付，此时甲公司的销售额需要按照相应的市场价格确定销售额。

增值税法第十九条规定的是市场价格，但是我们也会发现，在企业所得税法中采用的是公允价值的概念，对此企业所得税法实施条例第十三条是这样解释的："企业所得税法第六条所称企业以非货币形式取得的收入，应当按照公允价值确定收入额。前款所称公允价值，是指按照市场价格确定的价值"的规定。

小贴士　无偿转让金融商品的困惑

中国财税浪子解答：按照增值税法第五条规定：单位和个人无偿转让无形资产、不动产或者金融商品需要视同应税交易。我们已经分析过多次，无偿转让原本不属于应税交易，但是增值税法将其拟制为应税交易拉入到增值税的征税范围。在确定该视同应税交易的销售额时需要引入公允价值机制，按照市场价格确定其销售额。比如，甲公司将其持有的上市公司股票采用公益性捐赠的方式无偿转让给公益慈善基金会，在依据增值税法第十九条确定销售额时，应当以这些股票的市场价格确定销售额。这一点和营改增试点期间的政策表述有所不同。

在完成增值税立法之前，《财政部 税务总局关于明确无偿转让股票等增值税政策的公告》（财政部 税务总局公告2020年第40号）第一条明确规定，纳税人无偿转让股票时，转出方以该股票的买入价为卖出价，按照"金融商品转让"计算缴纳增值税；在转入方将上述股票再转让时，以原转出方的卖出价为买入价，按照"金融商品转让"计算缴纳增值税。财政部 税务总局公告2020年第40号没有按照市场价格来确定销售额，而是以该股票的买入价为基础来确定增值税的销售额，并组织了一个闭环，保证这个买入价可以通过增值税链条传递给下家。

另外还有一个问题，增值税法第五条第三项无偿转让金融商品视同发生应税交易的规定，不仅适用于单位纳税人，也同样适用于个人纳税人。个人纳税人也应当采用市场价格确定无偿转让视同应税交易的销售额。比如假设个人持有上市公司股票的买入价是每股5元，无偿转让股票时的市场价格是每股15元，假设增值税法施行后也规定采用“卖出价减掉买入价的余额”计算销售额，那么销售额相当于每股10元，受让方取得股票的买入价相当于每股15元。但是如果增值税法施行后继续认可财政部 税务总局公告2020年第40号的规定，则个人无偿转让股票的卖出价不采用市场价格，而是采用买入价每股5元，那么此时的销售额为每股5−5=0元，受让方取得股票的买入价是每股5元。在营改增试点期间，个人转让金融商品是免税的。增值税立法完成后，该项优惠是否保留要看具体税收优惠政策清理的结果。

第二十条　销售额明显偏低或者偏高且无正当理由的，税务机关可以依照《中华人民共和国税收征收管理法》和有关行政法规的规定核定销售额。

中国财税浪子技术提示——本条是关于税务机关核定销售额的规定。

实施办法第四十四条规定：“纳税人发生应税行为价格明显偏低或者偏高且不具有合理商业目的的，或者发生本办法第十四条所列行为而无销售额的，主管税务机关有权按照下列顺序确定销售额：（一）按照纳税人最近时期销售同类服务、无形资产或者不动产的平均价格确定。（二）按照其他纳税人最近时期销售同类服务、无形资产或者不动产的平均价格确定。（三）按照组成计税价格确定。组成计税价格的公式为：组成计税价格=成本×（1+成本利润率）。成本利润率由国家税务总局确定。不具有合理商业目的，是指以谋取税收利益为主要目的，通过人为安排，减少、免除、推迟缴纳增值税税款，或者增加退还增值税款。”实施办法引入了合理的商业目的要素，授权税务机关价格明显偏低或者偏高且不具有合理商业目的的情形进行销售额的核定。

增值税法基本借鉴了实施办法的思路。但是依据增值税法税务机关核定销售额需要遵循税收征管法以及有关行政法规。这个行政法规除了包括税收征管法实施细则之外，实际上也意味着国务院有可能在未来的增值税法实施条例中对销售额的核定方法、程序等进行规范。

《中华人民共和国税收征收管理法》第三十五条规定：“纳税人有下列情形之一的，税务机关有权核定其应纳税额：（一）依照法律、行政法规的规定可以不设置账簿的；（二）依照法律、行政法规的规定应当设置账簿但未设置的；（三）擅自销毁账簿或者拒不提供纳税资料的；（四）虽设置账簿，但账目混乱或者成本资料、收入凭证、费用凭证残缺不全，难以查账的；（五）发生纳税义务，未按照规定的期限办理纳税申报，经税务机关责令限期申报，逾期仍不申报的；（六）纳税人申报的计税依据明显偏低，又无正当理由的。税务机关核定应纳税额的具体程序和方法由国务院税务主管部门规定。”作为行政法规的《中华人民共和国税收征收管理法实施细则》第四十七条进一步规定：“纳税人有税收征管法第三十五条或者第三十七条所列情形之一的，税务机关有权采用下列任何一种方法核定其应纳税额：（一）参照当地同类行业或者类似行业中经营规模和收入水平相近的纳税人的税负水平核定；（二）按照营业收入或者成本加合理的费用和利润的方法核定；（三）按照耗用的原材料、燃料、动力等推算或者测算核定；（四）按照其他合理方法核定。采用前款所列一种方法不足以正确核定应纳税额时，可以同时采用两种以上的方法核定。纳税人对税务机关采取本条规定的方法核定的应纳税额有异议的，应当提供相关证据，经税务机关认定后，调整应纳税额。”

另外，在既往的实务操作中，我们也会借鉴《最高人民法院关于适用〈中华人民共和国民法典〉合同编通则若干问题的解释》（法释〔2023〕13号）的规定。2023年5月23日最高人民法院审判委员会第1889次会议通过这个司法解释，自2023年12月5日起施行，其第四十二条规定：“对于民法典第五百三十九条规定的‘明显不合理’的低价或者高价，人民法院应当按照交易当地一般经营者的判断，并参考交易时交易地的市场交易价或者物价部门指导价予以认定。转让价格未达到交易时交易地的市场交易价或者指导价百分之七十的，一般可以认定为‘明显不合理的低价’；受让价格高于交易时交易地的市场交易价或者指导价百分之三十的，一般可以认定为‘明显不合理的高价’。债务人与相对人存在亲属关系、关联关系的，不受前款规定的百分之七十、百分之三十的限制。”

小贴士 甲公司采用资金无偿借贷的方式将资金借给没有关联关系的乙公司，该项提供资金的服务不属于应税交易，也不属于视同应税交易，但是如果在实践中遇到类似案例，税务机关能否要求此类无偿资金借贷按照销售额明显偏低且无正当理由的情形，对其核定销售额？

中国财税浪子解答：增值税法第二十条的规定具有一定的反避税色彩，甚至我们可以将其作为一项准反避税条款或者纳税调整条款处理。但是，第二十条的规定是针对销售额的调整，而销售额这个概念是建立在应税交易的基础上的。

一项服务行为，如果不构成应税交易，自然也就没有增值税意义上的销售额，这个时候增值税法第二十条就失去了纳税调整的基本对象，用比较形象的说法，这种纳税调整就成为“无源之水”“无本之木”，是无法进行调整的或者说这种调整是于法无据的。

第二十一条 当期进项税额大于当期销项税额的部分，纳税人可以按照国务院的规定选择结转下期继续抵扣或者申请退还。

中国财税浪子技术提示——本条是关于留抵进项税额处理的规定，允许结转下期继续抵扣或者申请退还。

我国近年来一直在进行留抵税额退税的试点，但是在实际操作中有的纳税人急需退税，但是却因为种种原因无法申请退税成功。也有的纳税人并不急于申请退税，但是当地税务机关往往根据统一要求，安排甚至要求企业必须申请退税。基于解决这些矛盾，全国人民代表大会宪法和法律委员会在关于《中华人民共和国增值税法（草案）》修改情况的汇报中曾经就增值税法一审草案第十六条的修改提出了意见。意见指出，草案第十六条对留抵税额的两种处理方式作了规定。有的常委会组成人员、地方和专家学者建议，明确规定纳税人有权自主选择留抵税额的处理方式。宪法和法律委员会经研究，建议将相关规定修改为：当期进项税额大于当期销项税额的部分，纳税人可以选择结转下期继续抵扣或者申请退还。具体办法由国务院规定。这些规定历经修改最终形成了增值税法第二十一条的现有规定。

小贴士　甲公司当期销项税额是5000万元，当期可以抵扣的进项税额是8000万元，当期无需缴纳增值税且形成留抵税额，请问如果不实行留抵退税，该项留抵税额向后期结转的时间限制是多少年？

中国财税浪子解答：增值税法明确，纳税人可以按照国务院的规定选择结转下期继续抵扣。从历史上来看，该项结转抵扣并无时间限制的要求。我们推测，即使是增值税法强调要按照国务院的规定选择结转下期继续抵扣，也不会增加额外的年限限制。

第二十二条　纳税人的下列进项税额不得从其销项税额中抵扣：

（一）适用简易计税方法计税项目对应的进项税额；

（二）免征增值税项目对应的进项税额；

（三）非正常损失项目对应的进项税额；

（四）购进并用于集体福利或者个人消费的货物、服务、无形资产、不动产对应的进项税额；

（五）购进并直接用于消费的餐饮服务、居民日常服务和娱乐服务对应的进项税额；

（六）国务院规定的其他进项税额。

中国财税浪子技术提示——本条是关于部分进项税额禁止抵扣的规定，这些进项税额即使按照规定取得了相应的增值税扣税凭证，也不允许从其销项税额中抵扣。

一、增值税进项税额禁止抵扣的相关规定

暂行条例第十条规定："下列项目的进项税额不得从销项税额中抵扣：（一）用于简易计税方法计税项目、免征增值税项目、集体福利或者个人消费的购进货物、劳务、服务、无形资产和不动产；（二）非正常损失的购进货物，以及相关的劳务和交通运输服务；（三）非正常损失的在产品、产成品所耗用的购进货物（不包括固定资产）、劳务和交通运输服务；（四）国务院规定的其他项目。"实施办法第二十七条规定："下列项目的进项税额不得从销项税额中抵扣：（一）用于简易计税方法计税项目、免征增值税项目、集体福利或者个人消费的购进货物、加工修理修配劳务、服务、无形资产和不动产。其中涉及的固定资产、无形资产、不动产，仅指专用于上述项目的固定资产、无形资产（不包括其他权益性无形资产）、不动产。纳税人的交际应酬消费属于个人消费。（二）非正常损失的购进货物，以及相关的加工修理修配劳务或者交通运输业服务。（三）非正常损失的在产品、产成品所耗用的购进货物（不包括固定资产）、加工修理修配劳务或者交通运输业服务。（四）非正常损失的不动产，以及该不动产所耗用的购进货物、设计服务和建筑服务。（五）非正常损失的不动产在建工程所耗用的购进货物、设计服务和建筑服务。纳税人新建、改建、扩建、修缮、装饰不动产，均属于不动产在建工程。（六）购进的贷款服务、餐饮服务、居民日常服务和娱乐服务。（七）财政部和国家税务总局规定的其他情形。本条第（四）项、第（五）项所称货物，是指构成不动产实体的材料和设备，包括建筑装饰材料和给排水、采暖、卫生、通风、照明、通讯、煤气、消防、中央空调、电梯、电气、智能化楼宇设备及配套设施。"增值税法实际上是对上述规定进行了必要的整合调整。

二、适用简易计税方法计税项目对应的进项税额和免征增值税项目对应的进项税额不得抵扣

此前，税法强调的是用于简易计税方法计税项目、免征增值税项目的购进货物、劳务、服务、无形资产和不动产的进项税额不得抵扣。强调的是作为购进标的的货物、服务等的用途，如果用于简易计税或者免税项目不得抵扣。增值税法则强调适用简易计税方法计税项目对应的进项税额和免征增值税项目对应的进项税额不得抵扣，强调的是进项税额和项目之间的相关性、对应性。比如，纳税人采购一批货物专门用于简易计税项目，按照暂行条例等规定是不允许抵扣的，按照增值税法规定属于与简易计税项目对应的进项税额也同样不允许抵扣。依据实施办法，如果纳税人购进机器设备等动产类的固定资产，既用于简易计税项目，又用于一般计税项目，考虑到属于“混用”，允许其进项税额全额抵扣。但是增值税法强调对应的进项税额不得抵扣，如果单看字面意思似乎还是要采用一定的方法对购进机器设备的全部进项税额进行拆分，确定出与简易计税项目对应的进项税额并且不允许抵扣。增值税法的立法本意到底是不是这样，我们还需要依据后续规范性文件进一步梳理。

三、非正常损失项目对应的进项税额不得抵扣

此前，税法强调的是非正常损失的购进货物，以及相关的加工修理修配劳务或者交通运输业服务不得抵扣、非正常损失的在产品、产成品所耗用的购进货物（不包括固定资产）、加工修理修配劳务或者交通运输业服务不得抵扣，非正常损失的不动产，以及该不动产所耗用的购进货物、设计服务和建筑服务不得抵扣、非正常损失的不动产在建工程所耗用的购进货物、设计服务和建筑服务不得抵扣。

以购进货物为例，如果购进的货物发生非正常损失，不仅购买该货物自身价值的进项税额不得抵扣，购进环节发生的相关的加工修理修配劳务或者交通运输业服务也不得抵扣，但是税法并不机械认为购进环节发生的全部服务的进项税额都不得抵扣，只是采取抓大放小的方式确认相关的加工修理修配劳务或者交通运输业服务不得抵扣。增值税法的表述相对简单，非正常损失项目对应的进项税额不得抵扣，字面意义上似乎是强调只要是与非正常损失项目对应，就一律不得抵扣。禁止抵扣的“面”被拓展得很宽泛，当然这样理解是否代表立法本意，还是需要后续进一步明确和规范。

小贴士 非正常损失的概念问题

中国财税浪子解答：增值税法依然没有直接规定“非正常损失”的概念。

实施细则第二十四条规定：“条例第十条第（二）项所称非正常损失，是指因管理不善造成被盗、丢失、霉烂变质的损失。”实施办法第二十八条第三款规定：“非正常损失，是指因管理不善造成货物被盗、丢失、霉烂变质，以及因违反法律法规造成货物或者不动产被依法没收、销毁、拆除的情形。”实施细则的规定适用于原增值税纳税人和销售劳务的纳税人，实施办法的规定适用于销售服务、销售无形资产和销售不动产的纳税人，两者表述不尽一致。增值税法施行后，非正常损失的规定应趋于统一。

四、购进并用于集体福利或者个人消费的货物、服务、无形资产、不动产对应的进项税额不得抵扣

这一规定总体沿袭了此前的要求。从实务操作来看，集体福利或者个人消费的定性一直属于有争议的话题。比如某石油企业位于

城市郊区，每天由单位统一购置的客车接送员工上下班。购进客车支付的进项税额是否可以抵扣呢？有的税务机关认为购进客车属于用于集体福利，不允许对应的进项税额进行抵扣。但是也有的税务机关认为购进客车接送员工上下班属于企业生产规模扩大后向员工提供的工作条件，是组织生产的常规需求，应当允许抵扣。类似问题长期以来一直没有统一的答案，不确定性很高。

五、购进并直接用于消费的餐饮服务、居民日常服务和娱乐服务对应的进项税额

这一规定的变化在于不再笼统规定购进的餐饮服务的进项税额不得抵扣。比如某连锁酒店由于场地有限，无法为住宿客人直接提供早餐。该酒店向住宿客人免费发放一张早餐券，住宿客人可以凭券在指定的餐饮服务机构食用早餐。餐饮服务机构会统一向该连锁酒店开具餐饮服务发票，无论是开具增值税专用发票还是普通发票，连锁酒店购进餐饮服务的进项税额依据实施办法等规定不得抵扣。增值税法施行后，该连锁酒店购进的餐饮服务是用于向住宿客人提供服务，具有业务成本的性质，而不属于直接消费，应当允许其依法抵扣。

六、购进贷款服务的进项税额是否抵扣尚存在不确定性

根据《财政部 税务总局关于全面推开营业税改征增值税试点的通知》（财税〔2016〕36号）附件1《营业税改征增值税试点实施办法》第二十七条：“下列项目的进项税额不得从销项税额中抵扣：……（六）购进的旅客运输服务 1.贷款服务、餐饮服务、居民日常服务和娱乐服务”。根据《财政部 税务总局 海关总署关于深

化增值税改革有关政策的公告》（财政部 税务总局 海关总署公告2019年第39号），自2019年4月1日起，纳税人购进国内旅客运输服务，其进项税额允许从销项税额中抵扣。但是，购进贷款服务的进项税额一直是明确禁止抵扣的。目前在政策制定和执行层面主要有以下考虑：一是如果借款利息纳入进项抵扣范围，实质上相当于在一定程度上降低了贷款利率，需要统筹评估国家宏观和微观金融货币政策影响。二是借款利息纳入进项抵扣范围将对国家财政收入中的增值税收入产生较大的影响，需要统筹平衡财政收支压力。增值税法针对贷款服务的变化在于不再笼统规定购进的贷款服务的进项税额禁止抵扣，确实为日后抵扣相关进项税额打开了一扇“窗”，但是并不完全意味着直接允许抵扣，而是留待国务院根据增值税法第二十二条第六项“国务院规定的其他进项税额”这种兜底条款进一步作出规定。

目前已经有不少业内专家提出建议。第一，进一步测算贷款利息抵扣增值税对国家财政收入的影响，在财政有足够承受能力的情况下再全面放开抵扣。第二，对于利息抵扣会产生重大影响的行业，比如融资租赁行业还需要进一步调研，看其是否存在调整空间。再比如要不要将融资租赁行业实行的利息“扣额”制度改为增值税法中的“扣税”制度。

小贴士　融资租赁行业，支付的借款利息和债券利息是继续差额好，还是积极向财政部，税务总局申请允许作为特殊行业抵扣利息税款好？

中国财税浪子解答：增值税法出台后，融资租赁行业都很关心支付利息是否允许抵扣增值税进项税的问题。如果未来国务院继续坚持利息的进项税额不得抵扣，那么融资租赁服务可能就会继续允许从销售额中扣减借款利息和发债利息按照差额计算销售额。如果国务院允许对部分特殊行业实行抵扣购买贷款服务环节的增值税税额，那么很有可能就会取消融资租赁服务和融资性售后回租服务涉及的差额征税政策。加之增值税法施行后差额征税的去留也存在很大的不确定性，因此融资租赁行业都比较困惑，新增值税法后利息处理何去何从？有不少融资租赁专业机构和行业组织跟中国财税浪子沟通过这个问题。

我们以有形动产融资租赁服务一般计税方式为例，营改增试点期间允许其从销售额中扣除支付的借款利息和发行债券利息，由于有形动产融资租赁服务适用13%的增值税税率，那么在差额征税背景下，采用“扣额”的方式从销售额中减掉利息再乘以13%的税率计算增值税销项税额，实际上是相当于利息是按照变相13%抵扣了税款。实践中收取利息的资金提供方在对其收取的利息缴纳增值税时，有的适用6%的税率，有的适用3%的征收率，有的还适用减免增值税优惠，因此从这个角度来说，继续实行差额征税，“扣额”是一种不错的选择。如果假设国家允许融资租赁服务实行利息对应的进项税额抵扣，那么大概率是按照对方开具的增值税发票上注明的增值税税额去进行抵扣，这个金额相对于前面采用“扣额”方法折算出来的金额就会大大减少，这一点希望融资租赁行业能够有所了解，也恳请政策制定者能够关注。

七、未来允许国务院规定其他某项进项税额不允许抵扣

增值税法第二十二条明确规定了不得从其销项税额中抵扣的五种情形：（1）适用简易计税方法计税项目对应的进项税额；（2）免征增值税项目对应的进项税额；（3）非正常损失项目对应的进项税额；（4）购进并用于集体福利或者个人消费的货物、服务、无形资产、不动产对应的进项税额；（5）购进并直接用于消费的餐饮服

务、居民日常服务和娱乐服务对应的进项税额。但是增值税法也出现了一个兜底条款，也就是第六项“国务院规定的其他进项税额”。“其他”这种情形也属于授权条款，通常情况下禁止抵扣应当由增值税法律作出统一规定，但是考虑到实际经济业务的复杂性以及国家经济调控的需要，可能还会出现一些属于进项税额但是不适宜抵扣的情形，可以由国务院单独规定是否可以抵扣，比如我们前面已经讨论过的贷款利息的进项税额抵扣问题。法律作出适度授权是合理的，但是需要注意的是，过多的进项税额如果都被禁止抵扣，实际上也是扩大了增值税的税基，变相扩张了增值税的征收范围，因此在立法时必须谨慎，只能授权国务院作出特殊的禁止抵扣的规定，不能授权给国务院财政、税务主管部门，国务院也不能将增值税法律对自身的授权再对国务院财政、税务主管部门进行转授权。

八、不属于应税交易的情形对应的进项税额是否允许抵扣

增值税法第二十二条明确：“纳税人的下列进项税额不得从其销项税额中抵扣：（一）适用简易计税方法计税项目对应的进项税额；（二）免征增值税项目对应的进项税额；（三）非正常损失项目对应的进项税额；（四）购进并用于集体福利或者个人消费的货物、服务、无形资产、不动产对应的进项税额；（五）购进并直接用于消费的餐饮服务、居民日常服务和娱乐服务对应的进项税额；（六）国务院规定的其他进项税额。”但是增值税法没有明确，非应税交易对应的进项税额是否允许抵扣。此前，按照暂行条例、实施细则、实施办法等规定，我们一般认为用于不征收增值税项目的购进货物、劳务、服务、无形资产和不动产的进项税额是可以抵扣的。我们总体认为这个抵扣规则应当继续得到尊重，但是由于增值税法在不允许

抵扣的进项税额上更注重“相关性”，第二十二条强调的都是对应的进项税额，我们也担心这个理念会被突破。所以仍然需要关注第二十二条第六项“国务院规定的其他进项税额”会不会做出完全不同的规定。

第四章　税收优惠

第二十三条　小规模纳税人发生应税交易，销售额未达到起征点的，免征增值税；达到起征点的，依照本法规定全额计算缴纳增值税。

前款规定的起征点标准由国务院规定，报全国人民代表大会常务委员会备案。

中国财税浪子技术提示——本条是关于增值税小规模纳税人起征点的规定。起征点仅适用于增值税小规模纳税人。

实施办法第四十九条规定："个人发生应税行为的销售额未达到增值税起征点的，免征增值税；达到起征点的，全额计算缴纳增值税。增值税起征点不适用于认定为一般纳税人的个体工商户。"实施细则第三十七条第一款也规定，增值税起征点的适用范围限于个人。但是增值税法在规范起征点时强调的是小规模纳税人，这就意味着立法者已经将起征点的规定扩展适用到全体增值税小规模纳税人，逐渐和完成立法之前的小规模纳税人标准的概念融合。

另外，增值税法没有规定起征点具体的金额标准，这个标准被授权给国务院由国务院规定，并且需要向全国人大常委会备案。

第二十四条　下列项目免征增值税：

（一）农业生产者销售的自产农产品，农业机耕、排灌、病虫害防治、植物保护、农牧保险以及相关技术培训业务，家禽、牲畜、水生动物的配种和疾病防治；

（二）医疗机构提供的医疗服务；

（三）古旧图书，自然人销售的自己使用过的物品；

（四）直接用于科学研究、科学试验和教学的进口仪器、设备；

（五）外国政府、国际组织无偿援助的进口物资和设备；

（六）由残疾人的组织直接进口供残疾人专用的物品，残疾人个人提供的服务；

（七）托儿所、幼儿园、养老机构、残疾人服务机构提供的育养服务，婚姻介绍服务，殡葬服务；

（八）学校提供的学历教育服务，学生勤工俭学提供的服务；

（九）纪念馆、博物馆、文化馆、文物保护单位管理机构、美术馆、展览馆、书画院、图书馆举办文化活动的门票收入，宗教场所举办文化、宗教活动的门票收入。

前款规定的免税项目具体标准由国务院规定。

中国财税浪子技术提示——本条是关于增值税免税项目的规定。本条列举的增值税免税项目基本都是暂行条例和原营业税暂行条例相关优惠项目的整合与延续。

暂行条例第十五条规定：“下列项目免征增值税：（一）农业

生产者销售的自产农产品；（二）避孕药品和用具；（三）古旧图书；（四）直接用于科学研究、科学试验和教学的进口仪器、设备；（五）外国政府、国际组织无偿援助的进口物资和设备；（六）由残疾人的组织直接进口供残疾人专用的物品；（七）销售的自己使用过的物品。除前款规定外，增值税的免税、减税项目由国务院规定。任何地区、部门均不得规定免税、减税项目。”

已经被废止的《中华人民共和国营业税暂行条例》第八条规定：“下列项目免征营业税：（一）托儿所、幼儿园、养老院、残疾人福利机构提供的育养服务，婚姻介绍，殡葬服务；（二）残疾人员个人提供的劳务；（三）医院、诊所和其他医疗机构提供的医疗服务；（四）学校和其他教育机构提供的教育劳务，学生勤工俭学提供的劳务；（五）农业机耕、排灌、病虫害防治、植物保护、农牧保险以及相关技术培训业务，家禽、牲畜、水生动物的配种和疾病防治；（六）纪念馆、博物馆、文化馆、文物保护单位管理机构、美术馆、展览馆、书画院、图书馆举办文化活动的门票收入，宗教场所举办文化、宗教活动的门票收入；（七）境内保险机构为出口货物提供的保险产品。除前款规定外，营业税的免税、减税项目由国务院规定。任何地区、部门均不得规定免税、减税项目。”

根据《法治日报》2024年12月23日报道，十四届全国人大常委会第十三次会议于12月21日下午对增值税法草案三审稿进行了分组审议。分组审议中，多位与会人员针对草案三审稿第二十三条提出了修改建议。草案三审稿第二十三条是最终通过后的增值税法的第二十四条。草案三审稿第二十三条规定了免征增值税的项目。郑功成委员建议把公益慈善机构、公益慈善服务加入其中。他认为，养老机构是否一定应当免征增值税也不能一概而论，而是要区分营利性和非营利性。全国人大社会建设委员会委员詹成付对此表示认同。他指出，慈善法已明确规定国家对公益慈善组织给予税收优惠政策，在专门的税法里明确将公益慈善机构纳入免征增值税之列，有利于慈善法的实施落实，也体现了法律之间的配套性、系统性、整体性。因此，建议将公益慈善机构纳入免征增值税之列。傅自应委员建议将为失业人群提供职业技能培训和再就业中介服务纳入免增值税项目的范围，在第二十三条第（七）项后增加规定：职业技能培训机构为失业人员提供职业技能培训服务，劳务中介机构为失业人员提供就业中介服务。不过这些建议并未完全获得采纳。

增值税法取消了部分与当前经济形势与国家整体社会政策不太一致的免税项目，比如对避孕药品和用具的免税。

小贴士 残疾人个人提供的加工修理修配服务是否免征增值税？

中国财税浪子解答：在完成增值税立法之前，加工修理修配属于“销售劳务”。按照《财政部 国家税务总局关于促进残疾人就业增值税优惠政策的通知》（财税〔2016〕52号）第八条规定：“残疾人个人提供的加工、修理修配劳务，免征增值税”。增值税法施行后，加工修理修配属于“销售服务”。按照增值税法第二十四条第六项“残疾人个人提供的服务”直接免征增值税。由于立法者一直强调这里的个人是残疾人个人，理解上不应该包括残疾人个人设立的个人独资企业。曾经有部分税务机关在执行中明确的口径是，此处的残疾人个人是指自然人，不包括残疾人设立的个体工商户。出于对公益事业捐赠的鼓励，同样也可以规定单位和个人无偿转让无形资产、不动产或者金融商品用于公益事业的，不属于应税交易，不征收增值税。

上述接受公益事业捐赠的公益慈善组织收到捐赠的财产（比如货物）后，还会将这些财产用于实施具体的公益慈善活动，比如将接受捐赠的货物继续无偿提供给受赠人，此时同样按照增值税法第三条第二款的界定，明确其不属于应税交易，不征收增值税。

当然涉及公益事业捐赠需要结合整个捐赠链条统一考虑制定合理适用的增值税激励制度或者优惠政策。

第二十五条 根据国民经济和社会发展的需要，国务院对支持小微企业发展、扶持重点产业、鼓励创新创业就业、公益事业捐赠等情形可以制定增值税专项优惠政策，报全国人民代表大会常务委员会备案。

国务院应当对增值税优惠政策适时开展评估、调整。

中国财税浪子技术提示——本条是关于增值税专项优惠政策制定的授权。

在增值税法出台前，该条增加明确了国务院可以对慈善事业捐赠等情形制定增值税最新优惠政策的授权，但是总体不影响我国对慈善事业捐赠整体的支持态势。结合本书此前对应税交易的界定，考虑到慈善事业捐赠不收取对价的特点，中国财税浪子更主张将财产捐赠用于慈善事业规定为不属于应税交易更加恰当。

小贴士 对公益事业捐赠的思考

中国财税浪子解答：我们通常见到的公益事业捐赠都是无偿赠与，以货物用于公益事业捐赠为例，不构成有偿转让，原本也不是应税交易。但是，增值税法第五条又额外规定单位和个体工商户无偿转让货物需要视同应税交易。这样问题就来了，如果单位和个体工商户将货物用于公益事业捐赠，自然也需要将此类捐赠视同应税交易，纳入增值税征税范围。如果国务院不出台公益事业捐赠免税优惠政策，纳税人可能就会存在一定的无法转嫁的增值税负担。如果国务院出台公益事业捐赠免税优惠政策，依据增值税法第二十二条规定“用于免征增值税项目对应的进项税额”不得抵扣。这些情况，都是捐赠单位和个体工商户不愿意看到的。中国财税浪子主张，以后在国务院出台公益事业捐赠增值税政策时，能够将单位和个体工商户无偿转让货物用于公益事业捐赠直接规定为不属于应税交易，不征收增值税，也就是回到增值税法第三条第二款规定的应税交易本源上来。

在增值税法草案三次审议过程中，有的常委会组成人员建议，根据党的二十届三中全会有关改革部署，在草案中增加清理规范增值税优惠政策的内容。宪法和法律委员会经研究，建议增加规定：国务院应当对增值税优惠政策适时开展评估、调整。因此，我们看到增值税法第二十四条第二款增加要求“国务院应当对增值税优惠政策适时开展评估、调整。”

小贴士　对增值税优惠进行调整的举例。

中国财税浪子解答：我们举一个化肥取消优惠的例子。

2015年8月10日，《财政部 海关总署 国家税务总局关于对化肥恢复征收增值税政策的通知》（财税〔2015〕90号）规定，为优化农业生产投入结构，促进农业可持续发展，经国务院批准，化肥增值税优惠政策停止执行。自2015年9月1日起，对纳税人销售和进口化肥统一按13%税率征收国内环节和进口环节增值税。钾肥增值税先征后返政策同时停止执行。根据这个通知，财政部、国家税务总局《关于若干农业生产资料征免增值税政策的通知》（财税〔2001〕113号）第一条第二项和第四项“化肥”的规定、《财政部 国家税务总局关于进口化肥税收政策问题的通知》（财税〔2002〕44号）、《财政部 国家税务总局关于钾肥增值税有关问题的通知》（财税〔2004〕197号）、《财政部 国家税务总局关于暂免征收尿素产品增值税的通知》（财税〔2005〕87号）、《财政部 国家税务总局关于免征磷酸二铵增值税的通知》（财税〔2007〕171号）自2015年9月1日起停止执行。

第二十六条 纳税人兼营增值税优惠项目的，应当单独核算增值税优惠项目的销售额；未单独核算的项目，不得享受税收优惠。

中国财税浪子技术提示——本条是关于兼营增值税优惠项目的规定。

这一点与增值税法第十二条关于兼营应税交易的规定具有相似性。涉及增值税优惠项目的，仍然要求单独核算优惠项目的销售额，否则无法享受税收优惠。

小贴士 兼营增值税优惠项目需要单独核算举例。

中国财税浪子解答：某销售企业兼营古旧图书销售业务，该企业销售的一般货物不属于免征增值税的范围，需要按照适用税率正常征收增值税。按照增值税法第二十四条的规定，该企业销售的古旧图书可以适用免征增值税。按照增值税法第二十六条规定，该企业作为纳税人应当单独核算一般货物和古旧图书的销售额，如果没有对古旧图书的销售额单独核算，不得享受税收优惠。

如果将增值税法第十二条和增值税法第二十六条综合起来看待，

纳税人发生两项以上应税交易涉及不同税率、征收率的，应当分别核算适用不同税率征收率的销售额，未分别核算的，从高适用税率。纳税人兼营增值税优惠项目的，应当单独核算增值税优惠项目的销售额；未单独核算的项目，不得享受税收优惠。

第二十七条　纳税人可以放弃增值税优惠；放弃优惠的，在三十六个月内不得享受该项税收优惠，小规模纳税人除外。

中国财税浪子技术提示——本条是关于纳税人放弃增值税优惠的规定。

增值税优惠是一种权利，自然是可以放弃的，但是考虑到增值税抵扣链条的复杂性，增值税法同时规定放弃优惠的，在36个月内不得再次享受该项优惠。如果是增值税小规模纳税人，无需受到上述36个月的限制。

小贴士　小规模纳税人可以放弃增值税优惠且不受36个月期限限制举例。

中国财税浪子解答：在完成增值税立法之前，增值税制度中已经不对小规模纳税人放弃优惠进行期限限制。比如，根据《国家税务总局关于增值税小规模纳税人减免增值税等政策有关征管事项的公告》（国家税务总局2023年第1号）第四条、第五条有关规定，小规模纳税人适用月销售额10万元以下免征增值税政策，可就该笔销售收入选择放弃免税并开具增值税专用发票；小规模纳税人适用3%征收率销售收入减按1%征收率征收增值税政策的，可就该笔销售收入选择放弃减税并开具增值税专用发票。对增值税小规模纳税人放弃优惠后，不存在36个月内不得变更的限制。其根本原因在于，增值税小规模纳税人的上述免征减征增值税优惠，不是针对具体的项目设置优惠，而是针对小规模纳税人这一身份给予的增值税优惠。增值税法实施后，增值税小规模纳税人自然也可以适用增值税法第二十四条针对九大类项目的免征增值税优惠，针对这些项目优惠，比如作为小规模纳税人的医疗机构提供的医疗服务是免税的，即使小规模纳税人就其提供的某笔医疗服务放弃免征增值税优惠，也不受36个月内不得享受税收优惠的限制。

第五章　征收管理

第二十八条　增值税纳税义务发生时间，按照下列规定确定：

（一）发生应税交易，纳税义务发生时间为收讫销售款项或者取得销售款项索取凭据的当日；先开具发票的，为开具发票的当日。

（二）发生视同应税交易，纳税义务发生时间为完成视同应税交易的当日。

（三）进口货物，纳税义务发生时间为货物报关进口的当日。

增值税扣缴义务发生时间为纳税人增值税纳税义务发生的当日。

中国财税浪子技术提示——本条是关于增值税纳税义务发生时间的规定。

暂行条例第十九条规定："增值税纳税义务发生时间：（一）发生应税销售行为，为收讫销售款项或者取得索取销售款项凭据的当天；先开具发票的，为开具发票的当天。（二）进口货物，为报关进口的当天。增值税扣缴义务发生时间为纳税人增值税纳税义务发生的当天。"增值税法第二十八条总体延续了暂行条例的要求，"增值税纳税义务发生时间，按照下列规定确定：（一）发生应税交易，纳税义务发生时间为收讫销售款项或者取得销售款项索取凭据的当日；先开具发票的，为开具发票的当日。（二）发生视同应税交易，纳税义务发生时间为完成视同应税交易的当日。（三）进口货物，纳税义务发生时间为货物报关进口的当日。增值税扣缴义务发生时间为纳税人增值税纳税义务发生的当日。”总体来说，针对应税交易确认纳税义务发生时间的规则并没有发生根本性的变化。下面我们结合完成增值税立法之前相关文件的规定对增值税纳税义务发生时间进行梳理和分析。增值税法第五条规定：“有下列情形之一的，视同应税交易，应当依照本法规定缴纳增值税：（一）单位和个体工商户将自产或者委托加工的货物用于集体福利或者个人消费；（二）单位和个体工商户无偿转让货物；（三）单位和个人无偿转让无形资产、不动产或者金融商品。”

小贴士 如何理解增值税法对视同发生应税交易纳税义务发生时间的规定？

中国财税浪子解答：增值税法第二十八条规定，发生视同应税交易，其纳税义务发生时间为完成视同应税交易的当日。这就需要结合增值税法第五条规定的视同应税交易的三种具体情形逐一进行分析：

1. 单位和个体工商户将自产或者委托加工的货物用于集体福利或者个人消费。由于增值税法第二十条强调完成应税交易，此类情形应当理解为自产或者委托加工的货物被集体福利或者个人消费所消耗、使用。

2. 单位和个体工商户无偿转让货物。由于增值税法第二十条强调完成应税交易，此类情形应当理解为货物的权属已经转移给受赠人、受让方。

3. 单位和个人无偿转让无形资产、不动产或者金融商品。由于增值税法第二十条强调完成应税交易，此类情形应当理解为无形资产、不动产或者金融商品的权属已经转移给受赠人、受让方。如果无偿转让的是无形资产使用权，应当理解为该使用权已经赋予受让方，受让方有权决定其具体使用或者消耗、消费等。

一、如何理解“先开具发票的，为开具发票的当日”

由于增值税实行凭发票等扣税凭证抵扣税款的办法，购买方在取得销售方开具的专用发票后，即使尚未向销售方支付相关款项，仍然可以按照有关规定凭专用发票抵扣进项税额。因此，在先开具发票的情况下，如果再以收讫销售款项或者取得索取销售款项凭据的当日作为销售方的纳税义务发生时间，就会造成增值税的征收与抵扣相脱节，即销售方尚未申报纳税，购买方已经提前抵扣了税款。因此，增值税法继续规定，如果先开具发票的，纳税义务发生时间为开具发票的当日。

二、增值税立法完成之前关于增值税纳税义务发生时间的具体规定

1.《增值税暂行条例实施细则》第三十八条规定：“条例第十九条第一款第（一）项规定的收销售款项或者取得索取销售款项凭据的当天，按销售结算方式的不同具体为：

（一）采取直接收款方式销售货物、不论货物是否发出，均为收到销售款或者取得索取销售款凭据的当天。

（二）采取托收承付和委托银行收款方式销售货物，为发出货物办妥托收手续的当天。

（三）采取赊销和分期收款方式销售货物，为书面合同约定的收款日期的当天，无书面合同的或者书面合同没有约定收款日期的，为货物发出的当天。

（四）采取预收货款方式销售货物，为货物发出的当天，但生产销售生产工期超过12个月的大型机械设备、船舶、飞机等货物，为收到预收款或者书面合同约定的收款日期的当天。”

小贴士 如何理解预售货款方式销售货物中的货物“发出”？

中国财税浪子解答： 这里的“发出”货物，不能简单理解为货物已经脱离了货物销售方的仓库或者厂区，应该从货物的控制权或者风险与报酬转移的角度认识货物的发出。比如：

1. 增值税。实施细则第三十八条第（四）项规定：“采取预收货款方式销售货物，为货物发出的当天”。

2. 企业所得税。《国家税务总局关于确认企业所得税收入若干问题的通知》（国税函〔2008〕875号规定，销售商品采取预收款方式的，在发出商品时确认收入。

3. 会计收入确认。根据《企业会计准则第14号——收入》（财会〔2017〕22号引发）第四条规定，收入应当在企业履行了合同中的履约义务，即客户取得相关商品或服务控制权时确认。

“（五）委托其他纳税人代销货物，为收到代销单位的代销清单或者收到全部或者部分货款的当天。未收到代销清单及货款的，为发出代销货物满180天的当天。

（六）销售应税劳务，为提供劳务同时收讫销售款或者取得索取销售款的凭据的当天。

（七）纳税人发生本细则第四条第（三）项至第（八）项所列视同销售货物行为，为货物移送的当天。”

小贴士 关于单店购物卡的处理？比如某水果商店向消费者发行会员充值卡，假设允许会员向卡内充值任意金额，充值环节不开具增值税发票。会员持卡实际消费时可以按照商品的会员价享受优惠。这种情况下在会员充值环节是否需要确认增值税纳税义务？

中国财税浪子解答： 这种结算方式在目前的商业零售领域比较常见。

1. 在完成增值税立法之前，根据暂行条例第十九条规定，发生应税销售行为，增值税纳税义务发生时间为收讫销售款项或者取得索取销售款项凭据的当天；先开具发票的，为开具发票的当天。在单店充值卡业务的充值环节，会员充值时点并未将交易指向任何一款确定的商品，此时没有发生销售货物这样的应税销售行为，不存在也不需要确认增值税纳税义务。在实务中有部分税务机关将这种结算方式视为直接收款结算方式，依据实施细则第三十八条“采取直接收款方式销售货物、不论货物是否发出，均为收到销售款或者取得索取销售款凭据的当天”的规定，要求在客户完成充值的时点确认增值税纳税义务，这种处理方式存在的错误在于在直接收款结算方式下，应当已经通过合同协议或者商业习惯锁定了客户需要购买的商品。

2. 增值税立法完成后，根据增值税法第二十八条规定，发生应税交易，纳税义务发生时间为收讫销售款项或者取得销售款项索取凭据的当日；先开具发票的，为开具发票的当日。同样在客户充值时点，并未事先确定好提货的商品，未发生应税交易，无需确认增值税的纳税义务。

2.《国家税务总局关于增值税纳税义务发生时间有关问题的公告》（国家税务总局公告2011年第40号）规定：“纳税人生产经营活动中采取直接收款方式销售货物、已将货物移送对方并暂估销售收入入账，但既未取得销售款或取得索取销售款凭据也未开具销售发票的，其增值税纳税义务发生时间为取得销售款或取得索取销售款凭据的当天；先开具发票的，为开具发票的当天。”

3.《电力产品增值税征收管理办法》（国家税务总局令第10号）第六条规定，“发、供电企业销售电力产品的纳税义务发生时间的具体规定如下：

（一）发电企业和其他企事业单位销售电力产品的纳税义务发生

时间为电力上网并开具确认单据的当天。

（二）供电企业采取直接收取电费结算方式的，销售对象属于企事业单位为开具发票的当天；属于居民个人，为开具电费缴纳凭证的当天。

（三）供电企业采取预收电费结算方式的，为发行电量的当天。

（四）发、供电企业将电力产品用于非应税项目集体福利、个人消费，为发出电量的当天。

（五）发、供电企业之间互供电力，为双方核对计数量开具抄表确认单据的当天。

（六）发、供电企业销售电力产品以外其他货物，其纳税义务发生时间按《中华人民共和国增值税暂行条例》及其实施细则的有关规定执行。”

4.《营业税改征增值税试点实施办法》第四十五条规定：“增值税纳税义务、扣缴义务发生时间为：

（一）纳税人发生应税行为并收讫销售款项或者取得索取销售款项凭据的当天；先开具发票的，为开具发票的当天。

收讫销售款项，是指纳税人销售服务、无形资产不动产过程中或者完成后收到款项。

取得索取销售款项凭据的当天，是指书面合同确定的付款日期；未签订书面合同或者书面合同未确定付款日期的，为服务、无形资产转让完成的当天或者不动产权属变更的当天。”

小贴士 关于在发生债券转让的时候涉及的持有期间利息对应的增值税纳税业务发生时间的理解。

中国财税浪子解答：某企业购买公司债券，购买日是2025年1月1日，每年1月1日为付息日。该企业持有所购买的债券至2025年7月1日，在将公司债券卖出时，收到对应的

2025年上半年未到付息日的利息1000元。这1000元在处理上有两种可能，一种是将利息1000元并入债券买卖的差价，作为差价的一部分按照金融商品转让（增值税法中的销售金融商品）缴纳增值税；另一种是将这1000元的利息单独申报为债券利息收入，按照贷款服务缴纳增值税。通常情况下，企业持有的公司债券利息收入不免增值税，因此上述利息收入按照金融商品转让或者按照贷款服务申报增值税，对该企业的影响不大。但是如果企业持有的债券利息收入是免税的（比如国债、地方债），这个时候作为贷款服务的利息申报就是相对比较有利的。事实上，无论是否对利息收入适用免税，这部分利息收入都是资金占用费的属性，按照贷款服务利息收入申报缴纳增值税是合情合理的。但是这个时候如何理解这部分未到付息日的利息收入对应的纳税义务发生时间呢？我们理解，首先是该企业已经出资购买了公司债券，发生了增值税应税交易；其次在转让债券时点，这部分利息1000元已经收讫，符合《营业税改征增值税试点实施办法》第四十五条“纳税人发生应税行为并收讫销售款项”的要求，同时也符合增值税法第二十八条“发生应税交易，纳税义务发生时间为收讫销售款项的当日”的要求。因此该企业应当在债券卖出，收到购买方支付的半年未到付息日的利息的当日确认增值税的纳税义务发生时间。

“（二）纳税人提供租赁服务采取预收款方式的，其纳税义务发生时间为收到预收款的当天。”

小贴士　关于物业服务收费是否可以分期计算缴纳增值税的讨论。

中国财税浪子解答：某物业服务企业在2024年12月31日向承租写字楼的单位收取2025年度物业费120万元，对应的物业服务期间为2025年1月2日至2026年1月1日，该承租单位是第一次入驻本写字楼。物业服务企业在2024年12月31日实际收款时没有向承租单位开具增值税发票，对方直到2025年3月31日才向物业服务企业索取增值税发票并于当日开具。该物业服务企业没有将该笔物业费计入其2024年度增值税销售额，也没有在2024年确认销项税额，考虑到该企业对应的物业服务期间尚未开始，也没有向承租单位开具发票，该企业2024年的增值税处理总体是合规的。但是该企业在2025年1月以后，每月按照按月分摊的租金金额10万元计算增值税的销售税额并按照对应的计税期间申报缴纳增值税，该企业认为这样处理符合权责发生制的要求。按照实施办法等相关规定，我们认为目前没有任何政策依据支撑该物业服务企业可以按计税期间分摊计算销售额，并按照分摊的销售额计算相应的销项税额。当然，实务中有些税务机关是认可物业服务企业分期计算缴纳增值税的。

“（三）纳税人从事金融商品转让的，为金融商品所有权转移的当天。

（四）纳税人发生本办法第十四条规定情形的，其纳税义务发生时间为服务、无形资产转让完成的当天或者不动产权属变更的当天。

（五）增值税扣缴义务发生时间为纳税人增值税纳税义务发生的当天。”

5.《国家税务总局关于在境外提供建筑服务等有关问题的公告》（国家税务总局公告2016年第69号）第四条规定：“纳税人提供建筑服务，被工程发包方从应支付的工程款中扣押的质押金、保证金，未开具发票的，以纳税人实际收到质押金、保证金的当天为纳税义务发生时间。”

小贴士 关注建筑服务增值税纳税义务发生时间的变化。

中国财税浪子解答：2016年5月1日全面营改增试点开始后，实施办法明确规定纳税人提供建筑服务采取预收款方式的，其纳税义务发生时间为收到预收款的当天。自2017年7月1日起，《财政部 税务总局关于建筑服务等营改增试点政策的通知》（财税〔2017〕58号）第二条明确，《营业税改征增值税试点实施办法》（财税〔2016〕36号印发）第四十五条第（二）项修改为“纳税人提供租赁服务采取预收款方式的，其纳税义务发生时间为收到预收款的当天”。至此，纳税人提供建筑服务采取预收款方式的，其纳税义务发生时间不再按照收到预收款的当天来执行。

6.《国家税务总局关于营改增试点若干征管问题的公告》（国家税务总局公告2016年第53号）第六条规定：“银行提供贷款服务按期计收利息的，结息日当日计收的全部利息收入，均应计入结息日所属期的销售额，按照现行规定计算缴纳增值税。”

第二十九条 增值税纳税地点，按照下列规定确定：

（一）有固定生产经营场所的纳税人，应当向其机构所在地或者居住地主管税务机关申报纳税。总机构和分支机构不在同一县（市）的，应当分别向各自所在地的主管税务机关申报纳税；经省级以上财政、税务主管部门批准，可以由总机构汇总向总机构所在地的主管税务机关申报纳税。

（二）无固定生产经营场所的纳税人，应当向其应税交易发生地主管税务机关申报纳税；未申报纳税的，由其机构所在地或者居住地主管税务机关补征税款。

（三）自然人销售或者租赁不动产，转让自然资源使用权，提供建筑服务，应当向不动产所在地、自然资源所在地、建筑服务发生地主管税务机关申报纳税。

> （四）进口货物的纳税人，应当按照海关规定的地点申报纳税。
> （五）扣缴义务人，应当向其机构所在地或者居住地主管税务机关申报缴纳扣缴的税款；机构所在地或者居住地在境外的，应当向应税交易发生地主管税务机关申报缴纳扣缴的税款。

中国财税浪子技术提示——本条是关于增值税纳税地点的规定。涉及固定业户、非固定业户、自然人、进口货物、扣缴义务人的纳税地点问题。

有固定生产经营场所的纳税人（固定业户），应当向其机构所在地或者居住地主管税务机关申报纳税。总机构和分支机构不在同一县（市）的，应当分别向各自所在地的主管税务机关申报纳税；经省级以上财政、税务主管部门批准，可以由总机构汇总向总机构所在地的主管税务机关申报纳税。这里固定业户的机构所在地是指纳税人的注册登记地。如果固定业户设有分支机构，且不在同一县（市）的，应当分别向各自所在地的主管税务机关申报纳税。

小贴士 一则关于分公司纳税地点、分公司开具发票增值税问题的答复

中国财税浪子解答：我们在这里参考一下国家税务总局宁德市税务局的一则答复。

国家税务总局宁德市税务局关于宁德市人民代表大会四届六次会议第1145号建议的答复

（宁税函〔2021〕38号）

郑进良、陆盛彪、吴建、郑荣树、黄志强、张兴敏代表：

《关于鼓励驻宁企业分支机构在宁德区域纳税的建议》（第

1145号）收悉，《关于鼓励驻宁企业分支机构在宁德区域纳税的建议》（以下简称《建议》），对增值税和发票相关规定阐述透彻，引用了《中华人民共和国增值税暂行条例》《国家税务总局关于进一步明确营改增有关征管问题的公告》（国家税务总局公告2017年第11号）有关纳税人、纳税地点、建筑业集团纳税与开票之规定，建议市财政局、税务局、国资委等职能部门积极鼓励要求驻宁企业分支机构税收多在属地缴纳，增加地方财政收入。现对《建议》中涉及有关增值税及增值税发票问题回复如下：

一、分公司纳税地点问题

分公司属于总公司的分支机构，虽然不具备独立法人资格，但按《中华人民共和国增值税暂行条例》规定，总公司、分公司均属于固定业户，是增值税纳税人。除财政部、国家税务总局另有规定外，应当就其取得的应税收入分别向各自机构所在地主管税务机关申报缴纳增值税。

二、分公司开票问题

分公司是固定业户、增值税纳税人，应向其机构所在地税务机关领用发票、申报缴纳增值税；只要有发生真实业务，就可以开具增值税发票。税务机关目前未接到纳税人不接受分公司开具发票的反馈。

三、能否总公司签订合同，分公司开具发票并收款

《国家税务总局关于进一步明确营改增有关征管问题的公告》（国家税务总局公告2017年第11号）第二款规定：建筑企业与发包方签订建筑合同后，以内部授权或者三方协议等方式，授权集团内其他纳税人（以下称“第三方”）为发包方提供建筑服务，并由第三方直接与发包方结算工程款的，由第三方缴纳增值税并向发包方开具增值税发票，与发包方签订建筑合同的建筑企业不缴纳增值税。发包方可凭实际提供建筑服务的纳税人开具的增值税专用发票抵扣进项税额。上述规定只明确从事建筑服务的总公司签订合同，授权分公司为发包方提供

建筑服务，由分公司申报缴纳增值税并开具增值税发票。至于其他需要资质的总、分公司提供服务能否比照执行，需要国家税务总局进一步明确，我们也将积极向上一级税务机关报告。

一直以来宁德市各级税务部门严格按照税法规定，规范增值税及增值税发票管理，服务好纳税人。市税务局将虚心听取人大、政协、社会各界代表积极意见，在国家税务总局福建省税务局、宁德市委、宁德市政府坚强领导下，持续提升税收管理和服务水平，通过高水平服务、高质量管理，为当地党委、政府招商引资、发展经济做出突出贡献。

以上答复妥否，请各位代表审阅。

感谢各位人大代表对税务工作的关心支持。

领导署名：杨润生

联系人：李其桥

联系电话：略

国家税务总局宁德市税务局

2021年5月25日

（此件主动公开）

抄送：市人大常委会人事代表工作室（1份）、市政府督查室（1份）。

国家税务总局宁德市税务局货物和劳务税科承办 办公室 2021年5月25日印发

无固定生产经营场所的纳税人（非固定业户），应当向其应税交易发生地主管税务机关申报纳税；未申报纳税的，由其机构所在地或者居住地主管税务机关补征税款。

自然人（相当于暂行条例中的其他个人）销售或者租赁不动产，转让自然资源使用权，提供建筑服务，应当向不动产所在地、自然资源所在地、建筑服务发生地主管税务机关申报纳税。既维持各地原来的财政收入不变，也保证征管质量，促进各地税务机关征管的积极性。

进口货物的纳税人，应当按照海关规定的地点申报纳税，适用《中华人民共和国关税法》等有关规定。

扣缴义务人，应当向其机构所在地或者居住地主管税务机关申报缴纳扣缴的税款；机构所在地或者居住地在境外的，应当向应税交易发生地主管税务机关申报缴纳扣缴的税款。

小贴士　实际税收征管中，无论是增值税还是企业所得税的跨区域申报和税源利益分配都是矛盾比较突出的问题。我们在这里辑录一则国家税务总局办公厅办理的对人大代表意见的答复。

对十三届全国人大三次会议第6226号建议的答复

时间：2020-10-19　来源：国家税务总局办公厅

您提出的关于银行业分支机构税费汇总缴纳调整为在所在地申报缴纳的建议收悉，现答复如下：

一、关于增值税由分支机构所在地申报缴纳的建议

根据《中华人民共和国增值税暂行条例》《财政部 国家税务总局关于固定业户总分支机构增值税汇总纳税有关政策的通知》（财税〔2012〕9号）和《营业税改征增值税试点实施办法》（财税〔2016〕36号）规定，总机构和分支机构不在同一县（市）的，应当分别向各自所在地的主管税务机关申报纳税；经国务院财政、税务主管部门或者其授权的财政、税务机关批准，可以由总机构汇总向总机构所在地的主管税务机关申报纳税；固定业户的总分支机构不在同一县（市），但在同一省（区、市）范围内的，经省级财政、税务部门审批同意，可以由总机构汇总向总机构所在地的主管税务机关申报缴纳增值税。

关于您提出的“取消银行业金融机构增值税可以由总机构所在地汇总缴纳的政策，实行由分支机构各自所在地申报缴纳”的建议，我局认为，您提出的建议还需要统筹研究。

主要考虑：一是增值税汇总纳税是一项有利于纳税人的特殊政策。实施汇总纳税，有利于解决部分行业总分支机构进销项不匹配的问题，从而避免总机构大量留抵而分支机构大量纳税的情况发生。二是增值税是否汇总纳税由纳税人自主选择。总分支机构增值税的纳税方式由纳税人根据自身意愿发起申请，属于市场主体自主行为，政策上不宜多加限制。三是增值税汇总纳税的方式已经考虑到总机构和分支机构所在地税源分配问题。汇总纳税范围内的分支机构以一定的预征率在分支机构所在地预缴税款，补充分支机构所在地财政收入，总机构汇总计算应纳税额时，可抵减各分支机构预缴余额后在总机构所在地申报缴纳增值税。

下一步，按照党中央、国务院决策部署，我局将联合有关部门，进一步研究总分支机构增值税缴纳政策，积极支持解决地方财力匹配和支出责任合理划分问题。

二、关于企业所得税由分支机构就地缴纳的建议

根据《国家税务总局关于印发〈跨地区经营汇总纳税企业所得税征收管理办法〉的公告》（国家税务总局2012年第57号），工商银行、农业银行、中国银行、建设银行等企业缴纳的企业所得税为中央收入。全额上缴中央国库的企业，不适用《跨地区经营汇总纳税企业所得税征收管理办法》。同时，对于其他跨省、自治区、直辖市和计划单列市经营的银行，执行《跨地区经营汇总纳税企业所得税征收管理办法》，由企业注册地和分支机构所在地分享企业所得税款。

关于您提出的“对银行业金融机构不具有法人资格的分支机构实行‘统一计算、分级管理、就地缴纳’”建议，我局认为，您提出的建议还需要统筹研究。

主要考虑：一方面，对于企业所得税全额上缴中央的银

行，无论分支机构是否就地缴纳税款，都不影响地方财政收入。为减轻企业核算和办税负担，上述银行实行总机构汇总缴纳的征管方式。如果要求分支机构就地缴纳税款，将增加企业会计核算难度和纳税申报负担，与当前深化“放管服”改革、优化营商环境的要求不符。另一方面，对于企业所得税由中央和地方分享的银行，现行《跨地区经营汇总纳税企业所得税征收管理办法》已兼顾不同地区税收利益。现行汇总纳税制度安排，在坚持法人所得税制基本原则的前提下，已经综合考虑了跨地区经营企业注册地和税源地分离的特殊性、地区财政利益分配、企业经营模式、税收征管体制等多方面因素。

下一步，按照党中央、国务院决策部署，我局将联合有关部门，进一步研究总分支机构企业所得税缴纳政策，积极支持解决地方财力匹配和支出责任合理划分问题。

三、关于银行业金融机构总部下放贷款审批权限的建议

银保监会引导银行业金融机构在有效防控风险前提下，督促银行业金融机构着力优化内部管理流程。根据《商业银行内部控制指引》（银监发〔2014〕40号）等监管规定，商业银行应当合理确定各项业务活动和管理活动的风险控制点，采取适当的控制措施，执行标准统一的业务流程和管理流程，确保规范运作；并根据各分支机构的经营能力、管理水平、风险状况和业务发展需要，建立相应的授权体系，明确权限，实施动态调整。银行业金融机构应根据自身的组织架构、管理方式、业务规模、运营模式、经营状况、风险水平等情况，针对贷款的客户资质、产品类型、担保方式，授信金额等要素设置贷款审批权限和审批流程。银保监会将继续引导银行业金融机构根据各分支机构风险管控能力和具体业务情况，适当下放贷款审批权限，提高信贷审批效率通过加大对当地实体经济的金融服务和支持力度，推动地方经济社会持续健康发展。

四、关于银行业金融机构实行支行与上级行享有同等贷款资金价格的建议

近年以来，银保监会持续指导银行业金融机构完善内部考核评价和分级分类管理体系，合理对分支机构授权；对小微企业贷款实施内部资金转移定价优惠、不得对民营企业贷款进行“价格歧视”等，进一步加大对实体经济减费让利和服务当地的力度。贷款资金价格主要由资金成本、相关费用、风险补偿以及目标利润等因素决定，不同借款人、总分行之间的贷款定价可能因上述原因而不同，银行业金融机构需要根据本行资金成本和各地区业务实际，合理确定业务授权和内部资金转移定价，因企业自身意愿、申请贷款的规模、银行贷款记账以及审批权限设定等因素影响，中省企业是否在本地申请贷款，主要取决于企业和银行基于市场化原则进行的双向选择。

感谢您对税收工作的支持！

国家税务总局

2020年8月31日

第三十条 增值税的计税期间分别为十日、十五日、一个月或者一个季度。纳税人的具体计税期间，由主管税务机关根据纳税人应纳税额的大小分别核定。不经常发生应税交易的纳税人，可以按次纳税。

纳税人以一个月或者一个季度为一个计税期间的，自期满之日起十五日内申报纳税；以十日或者十五日为一个计税期间的，自次月一日起十五日内申报纳税。

扣缴义务人解缴税款的计税期间和申报纳税期限，依照前两款规定执行。

纳税人进口货物，应当按照海关规定的期限申报并缴纳税款。

中国财税浪子技术提示——本条是关于增值税计税期间和申报纳税期限的规定。

一、计税期间

暂行条例第二十三条规定："增值税的纳税期限分别为1日、3日、5日、10日、15日、1个月或者1个季度。纳税人的具体纳税期限，由主管税务机关根据纳税人应纳税额的大小分别核定；不能按照固定期限纳税的，可以按次纳税。纳税人以1个月或者1个季度为1个纳税期的自期满之日起15日内申报纳税；以1日、3日、5日、10日或者15日为1个纳税期的，自期满之日起5日内预缴税款，于次月1日起15日内申报纳税并结清上月应纳税款。扣缴义务人解缴税款的期限，依照前两款规定执行。"暂行条例中的纳税期限其实包含两层含义：一是确定结算应纳税款的期限，即多长时间纳一次税；二是确定缴纳税款的期限，即纳税期满后税款多长时间必须入库。增值税法的创新在于将第一层含义确定应纳税款的期限修改为"计税期间"。对于第二层含义确定缴纳税款的期限统一确定为申报纳税期限。无论是计税期间还是申报纳税期限都是基于增值税法的规定，是税收强制性、固定性的特征在时间上的体现。

确定计税期间，要根据课税对象和国民经济各行业、各部门生产经营的不同特点来决定。增值税法对计税期间进行了简化，不再保留以1日、3日、5日为计税期间的情形，只保留了10日、15日、1个月或者1个季度的计税期间。

二、申报纳税期限

申报纳税期限是指法律、行政法规规定的或者税务机关根据法律、行政法规的规定确定的纳税人、扣缴义务人向税务机关申报应纳或者应解缴税款的期限。纳税人以一个月或者一个季度为一个计税期间的，自期满之日起十五日内申报纳税；以十日或者十五日为一个计税期间的，自次月一日起十五日内申报纳税。

三、进口货物按照海关规定办理

《中华人民共和国关税法》第四十三条规定：进出口货物的纳税人、扣缴义务人应当自完成申报之日起十五日内缴纳税款；符合海关规定条件并提供担保的，可以于次月第五个工作日结束前汇总缴纳税款。因不可抗力或者国家税收政策调整，不能按期缴纳的，经向海关申请并提供担保，可以延期缴纳，但最长不得超过六个月。纳税人、扣缴义务人未在前款规定的纳税期限内缴纳税款的，自规定的期限届满之日起，按日加收滞纳税款万分之五的滞纳金。税款尚未缴纳，纳税人、扣缴义务人依照有关法律、行政法规的规定申请提供担保要求放行货物的，海关应当依法办理担保手续。关税法第七十条第一款还规定："进口环节海关代征税的征收管理，适用关税征收管理的规定"，因此进口环节增值税的申报缴纳应当符合关税法的具体规定。

第三十一条 纳税人以十日或者十五日为一个计税期间的，应当自期满之日起五日内预缴税款。

法律、行政法规对纳税人预缴税款另有规定的，从其规定。

中国财税浪子技术提示——本条是关于增值税预缴税款的规定。

增值税法对预缴税款有着比较大的创新。在营改增试点过程中，增值税的预缴往往是针对一些特定行业的特定业务，包括空间性预缴和时间性预缴。比如，根据《国家税务总局关于发布〈纳税人跨县（市、区）提供建筑服务增值税征收管理暂行办法〉的公告》（国家税务总局公告2016年第17号）第三条规定："纳税人跨县（市、区）提供建筑服务，应按照财税〔2016〕36号文件规定的纳税义务发生时间和计税方法，向建筑服务发生地主管国税机关预缴税款，向机构所在地主管国税机关申报纳税。"这种预缴是基于异地施工造成的，属于空间性预缴。再比如，根据《国家税务总局关于发布〈房地产开发企业销售自行开发的房地产项目增值税征收管理暂行办法〉的公告》（国家税务总局公告2016年第18号）第十条规定，一般纳税人采取预收款方式销售自行开发的房地产项目，应在收到预收款时按照3%的预征率预缴增值税。这种预缴增值税就属于时间性预缴。总体来说，空间性预缴相对时间性预缴要更常见一些，主要目的也是为了适度平衡税源分布。

增值税法将增值税预缴限定为计税期间不足一个月的情形，要求其在期满之日起五日内预缴税款。如果法律、行政法规对纳税人预缴税款另有规定的，从其规定。根据这个授权，以后涉及增值税预缴税款会非常谨慎，需要由国务院专门作出规定。

小贴士　法人内部机构之间移送货物用于销售被取消视同销售，不排除增加增值税预缴的规定

中国财税浪子解答：前已述及，增值税法第五条仅仅列举了三项视同应税交易，取消了实施细则视同销售中"设有两个以上机构并实行统一核算的纳税人，将货物从一个机构移送其他机构用于销售，但相关机构设在同一县（市）的除外"的规定。有同学担心，这个规定影响了区域之间的税源分布，会不会通过增值税法实施条例或者国务院规定的方式重新出现，继续被规定为视同应税交易。我们觉得视同应税交易就这三项，再无违法扩大之可能。但是考虑区域之间税源的某种平衡，有可能会规定，设有两个以上机构并实行统一核算的纳税人，将货物从一个机构移送其他机构用于销售，需要按照某个规定的比例预征税款，但相关机构设在同一县（市）的除外。

第三十二条 增值税由税务机关征收，进口货物的增值税由海关代征。

海关应当将代征增值税和货物出口报关的信息提供给税务机关。

个人携带或者寄递进境物品增值税的计征办法由国务院制定，报全国人民代表大会常务委员会备案。

中国财税浪子技术提示——本条规定明确了增值税的征收机关。国内增值税由税务机关征收，进口货物环节的增值税由海关负责代征。

增值税在我国属于中央地方共享税，因此，应当由税务机关来征收和管理。进口货物应当缴纳的增值税属于中央税，与关税同时缴纳，由海关代为征收和管理。

小贴士 关于进口租赁飞机增值税是由税务机关负责征管还是由海关代征的问题。

中国财税浪子解答：最初，进口租赁飞机存在着双重征收增值税的问题。首先租赁的飞机需要报关进口，海关会按照进口货物代征进口环节增值税。其次，租赁的飞机需要按照支付租金，国内的税务机关会要求境内承租人在支付租金环节按照服务贸易代扣代缴相应的租赁服务的增值税。而且，由于一个是针对服务、一个是针对货物，相关部门都不认为是重复征收增值税。为了解决这个重大矛盾，促进我国飞机租赁行业发展，《国家税务总局 海关总署关于进口租赁飞机有关增值税问题的公告》（国家税务总局 海关总署公告2018年第24号）指出，自2018年6月1日起，对申报进口监管方式为1500（租赁不满一年）、1523（租赁贸易）、9800（租赁征税）的租赁飞机（税则品目：8802），海关停止代征进口环节增值税。进口租赁飞机增值税的征收管理，由税务机关按照现行增值税政策组织实施。

《中华人民共和国关税法》第五条规定，个人合理自用的进境物品，按照简易征收办法征收关税。超过个人合理自用数量的进境物品，按照进口货物征收关税。个人合理自用的进境物品，在规定数额以内的免征关税。进境物品关税简易征收办法和免征关税数额由国务院规定，报全国人民代表大会常务委员会备案。根据《中华人民共和国关税法》第五条的规定，经国务院同意，国务院关税税则委员会在2024年11月29日采用公告形式公布了《进境物品关税、增值税、消费税征收办法》（税委会公告2024年第11号），自2024年12月1日起施行。无论是根据关税法还是根据增值税法，进境物品的征税办法都应当由国务院来制定，但是目前这一规定并未得到落实，还是由国务院关税税则委员会统一制定的。不过也有一种可能，就是制定进境物品征税办法的有关部门可能认为国务院关税税则委员会就等同于国务院。关税法第七条要求，国务院设立关税税则委员会，履行下列职责：（一）审议关税工作重大规划，拟定关税改革发展方案，并组织实施；（二）审议重大关税政策和对外关税谈判方案；（三）提出《税则》调整建议；（四）定期编纂、发布《税则》；（五）解释《税则》的税目、税率；（六）决定征收反倾销税、反补贴税、保障措施关税，实施国务院决定的其他关税措施；（七）法律、行政法规和国务院规定的其他职责。国务院关税税则委员会的组成和工作规则由国务院规定。足可见，国务院关税税则委员会和国务院压根就是“两码事”。

第三十三条 纳税人出口货物或者跨境销售服务、无形资产，适用零税率的，应当向主管税务机关申报办理退（免）税。出口退（免）税的具体办法，由国务院制定。

中国财税浪子技术提示——本条规定明确了跨境销售的出口退（免）税政策。

2017年修订《中华人民共和国增值税暂行条例》的时候，暂行条例增加了“境内单位和个人跨境销售服务和无形资产适用退（免）税规定的，应当按期向主管税务机关申报办理退（免）税”的内容。增值税法继续明确纳税人出口货物或者跨境销售服务、无形资产，适用零税率的，应当向主管税务机关申报办理退（免）税。

一、纳税人出口货物应当凭出口报关单等凭证在规定期限内向主管税务机关申报办理退（免）税

纳税人在办理退（免）税时，需要提供出口报关单等有效凭证，以证明货物确实已经出口。同时必须在规定的期限内向其主管税务机关申报办理，而不是向海关申报办理。由于出口退（免）税所涉

事宜非常具体而复杂，出于立法体例和习惯的考虑，增值税法第三十三条对此没有作具体规定，而是授权国务院制定具体办法。

如果出口货物办理退税后发生退货或者退关的，纳税人应当依法补缴已退的税款。在实际经济活动中，纳税人在办理出口货物手续以后，因为各种原因，可能会发生退货或者退关的情形，而这时候纳税人可能已经向主管税务机关办理了退税手续，就存在纳税人需要补缴已退税款的现象。因为出口退税的前提是发生出口货物行为，如果纳税人出口货物被退货或退关，就不存在申请出口退税的理由。

二、纳税人跨境销售服务和无形资产适用零税率的，向主管税务机关申报办理退（免）税

比如，《跨境应税行为适用增值税零税率和免税政策的规定》（财税〔2016〕36号文件附件4）第六条规定："境内的单位和个人销售适用增值税零税率的服务或无形资产，按月向主管退税的税务机关申报办理增值税退（免）税手续。具体管理办法由国家税务总局商财政部另行制定。"

跨境提供增值税服务适用零税率在国际上也是普遍存在的。我们来看一则以色列增值税的案例，摘选自国家税务总局官网海外税收案例库，发布日期为2024年6月28日。

小贴士 跨境金融中介服务定性的问题

关键词 以色列 英国 金融中介服务 外国居民

中国财税浪子解答：该案例由国家税务总局四川省税务局编译、国家税务总局上海市税务局审校。

一、案例简介

A证券有限公司是英国一家公司在以色列设立的分公司，

本案中，其为一家以色列本地银行和一家以色列境外银行提供金融中介服务，并向两家银行分别收取了服务费。以色列增值税法第30（a）（5）条规定，企业向以色列境外银行收取的服务费可享受增值税零税率优惠。为此，A公司向以色列税务部门提出，将其从两家银行收取服务费视为两个独立事项，分别计税，从以色列境外银行收取的服务费适用以色列增值税法第30（a）（5）条规定享受零税率优惠。以色列税务部门未支持A公司的主张，A公司遂向以色列地区法院提起诉讼。

2021年8月，以色列地区法院的判决支持了A公司的主张。法院认为，本案中A公司向以色列境外银行提供了单独的服务，向其收取的服务费可以适用以色列增值税法第30（a）（5）条规定，享受增值税零税率优惠。以色列税务部门不服地区法院判决，后上诉至以色列最高法院。以色列最高法院推翻了地区法院的判决，认为A公司提供的金融中介服务不应作为两个独立事项，分别计税，其向两家银行收取的服务费均应按规定全额缴纳增值税，A公司向以色列境外银行收取的服务费不享受增值税零税率优惠。

二、争议焦点

本案的争议焦点在于，A公司提供的金融中介服务是否会因服务对象不同被认定为两项独立事项，适用不同的增值税税率。对此，A公司与以色列税务部门持有不同理解。

（一）A公司认为，因其向两家银行分别收取了服务费，可以视为两个独立事项，向以色列境外银行收取的服务费可依照以色列增值税法第30(a)（5）条规定，享受增值税零税率优惠。

（二）以色列税务部门认为，根据以色列增值税法第30（a）（5）条的第22号修正案的规定："……如果协议实际提供服务的对象除外国居民外，还包括以色列本土居民，则不应视为向外国居民提供服务……"，因本案中的服务对象包括以色列本土居民，则A公司不能享受外国居民增值税零税率优惠。

三、最终裁决

2024年2月，以色列最高法院公布了该案件的判决书，判定不应将A公司向以色列居民和外国居民提供的金融中介服务视为两个独立事项分别计税。具体判决如下：

（一）同时向外国居民和以色列居民提供服务时，向外国居民收取的服务费不适用增值税零税率。以色列最高法院强调，为避免在每一个案件中都需要判定服务的主要受益人，同时打击以外国居民作为“导管”享受免税优惠的行为，在以色列增值税法第30（a）（5）条的第22号修正案中添加了限制性条款，明确如果向外国居民和以色列本土居民同时提供服务，无论向以色列居民提供的服务在交易中的占比如何，都不适用增值税零税率优惠。

（二）中介服务属于同一服务交易

最高法院认为，不应将A公司的中介服务视为分别向以色列居民和外国居民提供两个独立服务，这是一种人为拆分同一交易的行为。中介服务的本质在于促成双方达成同一交易，若将其视为向双方提供两个独立服务，不能反映中介服务的经济实质。此外，即使中介服务涉及向不同主体提供不同服务或按不同费率收取服务费，也不能改变该交易是为不同对象提供同一服务的本质。

四、对“走出去”企业的启示

一是准确把握东道国的税法规定。企业在开展海外业务时，应对东道国的税法体系进行深入全面的了解研究，确保企业对应税行为的税务处理符合当地的税法要求。不同国家的税法体系存在差异，对于跨境服务的税务处理也有不同的规定，因此企业必须认真对待，避免因违反税法规定而给企业带来不必要的损失。

二是加强涉税风险防范和应对。涉税风险可能来源于多个方面，如服务性质的认定、税收优惠政策的适用条件等。A公司在税务问题上遭遇波折，是因为其未准确认定中介服务的实质，根本原因在于对享受税收优惠的资格认定条件及相关法规的修正案缺乏了解研究。因此，企业在开展海外业务时，应建立完善的涉税风险管理制度，及时识别和应对潜在的涉税风险。

三是不断提升税务合规意识和能力。税务合规不仅是企业的法律责任，也是企业稳健经营和损失避免的重要保障。因此，企业应加强对税务人员的教育培训，提高其专业素养和合规意识，尤其关注跨境交易税收规定的变化和缘由，保持对相关税收政策的敏感性。

第三十四条 纳税人应当依法开具和使用增值税发票。增值税发票包括纸质发票和电子发票。电子发票与纸质发票具有同等法律效力。

国家积极推广使用电子发票。

中国财税浪子技术提示——本条规定明确了增值税发票的使用。

一、纳税人应当依法开具和使用增值税发票

实际操作上应当关注增值税发票开具的时间要求，通常是在发生增值税纳税义务的时点开具增值税发票。《国家税务总局关于修订〈增值税专用发票使用规定〉的通知》（国税发〔2006〕156号）第十一条第一款第四项曾经明确规定增值税专用发票“按照增值税纳税义务的发生时间开具”。

二、明确电子发票的法律效力

明确电子发票与纸质发票具有同等法律效力。《中华人民共和国发票管理办法》第三条规定，本办法所称发票，是指在购销商品、提供或者接受服务以及从事其他经营活动中，开具、收取的收付款凭证。发票包括纸质发票和电子发票。电子发票与纸质发票具有同等法律效力。国家积极推广使用电子发票。但是由于发票管理办法属于国务院制定的行政法规，在位阶上低于增值税法，因此在增值税法中明确电子发票的法律效力和国家积极推广使用电子发票不仅具有现实意义而且提升了这一规定的权威性。

另外，《国家税务总局关于推广应用全面数字化电子发票的公告》（国家税务总局公告2024年第11号）已经决定，在全国正式推广应用数电发票。数电发票是《中华人民共和国发票管理办法》中“电子发票”的一种，是将发票的票面要素全面数字化、号码全国统一赋予、开票额度智能授予、信息通过税务数字账户等方式在征纳主体之间自动流转的新型发票。数电发票与纸质发票具有同等法律效力。

小贴士 增值税法第三十四条规定，纳税人应当依法开具和使用增值税发票。请问在和客户或者供应商发生交易时，我公司会向客户开具发票或者接受供应商开具的发票，那么税务机关能否直接将发票作为应税凭证，对我公司征收印花税？

中国财税浪子解答：《中华人民共和国印花税法》第一条第一款规定：“在中华人民共和国境内书立应税凭证、进行证券交易的单位和个人，为印花税的纳税人，应当依照本法规定缴纳印花税。”印花税法第二条进一步规定：“本法所称应税凭证，是指本法所附《印花税税目税率表》列明的合同、产权转移书据和营业账簿”。这里涉及交易的主要是指合同和产权转移书据。参考民法典第四百六十四条规定："合同是民事主体之间设立、变更、终止民事法律关系的协议"，发票显然不属于合同，或者说发票与合同是完全不同的概念。发票不是书面合同，无论是纸质发票还是电子发票都不是书面合同。《中华人民共和国发票管理办法》第三条规定："本办法所称发票，是指在购销商品、提供或者接受服务以及从事其他经营活动中，开具、收取的收付款凭证。"因此，在没有书立合同等应税凭证的情况下，不能将发票直接作为书立应税凭证征收印花税。

第三十五条 税务机关与工业和信息化、公安、海关、市场监督管理、人民银行、金融监督管理等部门建立增值税涉税信息共享机制和工作配合机制。

有关部门应当依照法律、行政法规，在各自职责范围内，支持、协助税务机关开展增值税征收管理。

中国财税浪子技术提示——本条规定明确了税务机关和其他部门信息共享和工作配合机制的基本要求。

部门分工协作与信息共享是税收征管的实践经验总结，这也是近年来在税收法律制定过程中颇受立法者关注的一个重要问题。2021年3月，中共中央办公厅、国务院办公厅联合印发的《关于进一步深化税收征管改革的意见》要求，2025年建成税务部门与相关部门常态化、制度化数据共享协调机制，依法保障涉税涉费必要信息获取；健全涉税涉费信息对外提供机制，打造规模大、类型多、价值高、颗粒度细的税收大数据，高效发挥数据要素驱动作用。完善税收大数据安全治理体系和管理制度，加强安全态势感知平台建设，常态化开展数据安全风险评估和检查，健全监测预警和应急处置机制，确保数据全生命周期安全。加强智能化税收大数据分析，不断强化税收大数据在经济运行研判和社会管理等领域的深层次应用。不仅增值税法涉及信息共享和工作配合机制，其他税收法律也非常关注这个问题，我们在这里将相关税收法律涉及的相关内容进行总结（见表4）。

表4

税收法律	具体规定
中华人民共和国车船税法	第十条　公安、交通运输、农业、渔业等车船登记管理部门、船舶检验机构和车船税扣缴义务人的行业主管部门应当在提供车船有关信息等方面，协助税务机关加强车船税的征收管理。车辆所有人或者管理人在申请办理车辆相关登记、定期检验手续时，应当向公安机关交通管理部门提交依法纳税或者免税证明。公安机关交通管理部门核查后办理相关手续。
中华人民共和国环境保护税法	第十四条　环境保护税由税务机关依照《中华人民共和国税收征收管理法》和本法的有关规定征收管理。 环境保护主管部门依照本法和有关环境保护法律法规的规定负责对污染物的监测管理。 县级以上地方人民政府应当建立税务机关、环境保护主管部门和其他相关单位分工协作工作机制，加强环境保护税征收管理，保障税款及时足额入库。 第十五条　环境保护主管部门和税务机关应当建立涉税信息共享平台和工作配合机制。 环境保护主管部门应当将排污单位的排污许可、污染物排放数据、环境违法和受行政处罚情况等环境保护相关信息，定期交送税务机关。 税务机关应当将纳税人的纳税申报、税款入库、减免税额、欠缴税款以及风险疑点等环境保护税涉税信息，定期交送环境保护主管部门。
中华人民共和国车辆购置税法	第十六条　税务机关和公安、商务、海关、工业和信息化等部门应当建立应税车辆信息共享和工作配合机制，及时交换应税车辆和纳税信息资料。
中华人民共和国烟叶税法	未直接规定

续表

税收法律	具体规定
中华人民共和国契税法	第十三条　税务机关应当与相关部门建立契税涉税信息共享和工作配合机制。自然资源、住房城乡建设、民政、公安等相关部门应当及时向税务机关提供与转移土地、房屋权属有关的信息，协助税务机关加强契税征收管理。税务机关及其工作人员对税收征收管理过程中知悉的纳税人的个人信息，应当依法予以保密，不得泄露或者非法向他人提供。
中华人民共和国耕地占用税法	第十三条　税务机关应当与相关部门建立耕地占用税涉税信息共享机制和工作配合机制。县级以上地方人民政府自然资源、农业农村、水利等相关部门应当定期向税务机关提供农用地转用、临时占地等信息，协助税务机关加强耕地占用税征收管理。 税务机关发现纳税人的纳税申报数据资料异常或者纳税人未按照规定期限申报纳税的，可以提请相关部门进行复核，相关部门应当自收到税务机关复核申请之日起三十日内向税务机关出具复核意见。
中华人民共和国城市维护建设税法	未直接规定
中华人民共和国资源税法	第九条　资源税由税务机关依照本法和《中华人民共和国税收征收管理法》的规定征收管理。 税务机关与自然资源等相关部门应当建立工作配合机制，加强资源税征收管理。
中华人民共和国印花税法	未直接规定
中华人民共和国个人所得税法	第十五条　公安、人民银行、金融监督管理等相关部门应当协助税务机关确认纳税人的身份、金融账户信息。教育、卫生、医疗保障、民政、人力资源社会保障、住房城乡建设、公安、人民银行、金融监督管理等相关部门应当向税务机关提供纳税人子女教育、继续教育、大病医疗、住房贷款利息、住房租金、赡养老人等专项附加扣除信息。 个人转让不动产的，税务机关应当根据不动产登记等相关信息核验应缴的个人所得税，登记机构办理转移登记时，应当查验与该不动产转让相关的个人所得税的完税凭证。个人转让股权办理变更登记的，市场主体登记机关应当查验与该股权交易相关的个人所得税的完税凭证。 有关部门依法将纳税人、扣缴义务人遵守本法的情况纳入信用信息系统，并实施联合激励或者惩戒。

续表

税收法律	具体规定
中华人民共和国企业所得税法	未直接规定
中华人民共和国船舶吨税法	未直接规定
中华人民共和国关税法	第六十一条　海关因关税征收的需要，可以依法向有关政府部门和机构查询纳税人的身份、账户、资金往来等涉及关税的信息，有关政府部门和机构应当在职责范围内予以协助和配合。海关获取的涉及关税的信息只能用于关税征收目的。
中华人民共和国增值税法	第三十五条　税务机关与工业和信息化、公安、海关、市场监督管理、人民银行、金融监督管理等部门建立增值税涉税信息共享机制和工作配合机制。 有关部门应当依照法律、行政法规，在各自职责范围内，支持、协助税务机关开展增值税征收管理。

从税收征管实效来看，部门分工协作与信息共享已经开始形成强大的税收征管合力。

小贴士　不同部门分工协作和信息共享形成税收征管合力的具体案例。

中国财税浪子解答：根据中国税务报报道，2019年10月，国家税务总局扬州市江都区税务局从区政府大数据平台获得环保部门提供的历史“沉睡”数据。按照数据交换操作规程，税务机关经风险管理部门清洗无效数据后，转化匹配金税三期系统中的纳税人税务登记、纳税申报、优惠备案等信息，再导入税收风险管理数据模型中，进行疑点扫描。根据税收优惠备案类风险指标和风险特征，分维度计算，进行积分权重排序后，发现某水务公司曾于2016年4月受到了7万元的环保行政处罚，与此同时该公司在2016—2019年向税务机关申报了“享受资源综合利用即征即退税款”的优惠备案信息。根据《国家税务总局关于印发〈资源综合利用产品和劳务增值税优惠目录〉的通知》（财税〔2015〕78号）第四条规定：已享受本通知规定的增值税即征即退政策的纳税人，因违反税收、环境保护的法律法规受到处罚（警告或单次1万元以下罚款除外）的，自处罚决定下达的次月起36个月内，不得享受本通知规定的增值税即征即退政策。税务机关认为，该水务公司可能存在"不该享受而享受资源综合利用即征即退税款"的风险点，遂按税收法律法规和工作规程开展税收风险管理响应处理。

在分析该水务公司2016年5月—2019年4月的申报数据后，税务机关确认其存在违反税收法律法规行为，将风险疑点及相应税收政策以提示提醒函的方式，及时送达给该水务公司。该公司收到提示提醒函后，根据提示提醒函指向的疑点内容立即开展了自查。同时，税务机关及时对该水务公司进行纳税辅导，做好必要的政策解读宣传服务。该水务公司在回函中表示认可公司违反环保法规的事实，主动申报缴纳了相关税款及滞纳金。

第三十六条

增值税的征收管理依照本法和《中华人民共和国税收征收管理法》的规定执行。

中国财税浪子技术提示——本条规定明确了增值税征收管理的适用法律。

增值税法主要是实体法，主要规定的是增值税作为一个税种涉及的基本税制要素，比如纳税人、征收对象、税率等，但是增值税法也会涉及一部分对增值税征收管理的具体规定。在增值税征收管理中遇到的矛盾问题，增值税法有规定的，应当优先适用增值税法。

增值税法关于征收管理的规定相对于《中华人民共和国税收征收管理法》的规定，属于特殊规定的范畴，当然应当优先适用。增值税法没有规定的，则应当适用税收征收管理法的一般规定。我们在这里也顺便总结一下目前现有的税收法律涉及税收征管和适用征管法的相关规定（见表5）。

表5

税收法律	具体规定
中华人民共和国车船税法	第十一条　车船税的征收管理，依照本法和《中华人民共和国税收征收管理法》的规定执行。
中华人民共和国环境保护税法	第十四条　环境保护税的征收管理由税务机关依照《中华人民共和国税收征收管理法》和本法的有关规定执行①。
中华人民共和国车辆购置税法	第十七条　车辆购置税的征收管理，依照本法和《中华人民共和国税收征收管理法》的规定执行。
中华人民共和国烟叶税法	第六条　烟叶税由税务机关依照本法和《中华人民共和国税收征收管理法》的规定执行。
中华人民共和国契税法	第十四条　契税由土地、房屋所在地的税务机关依照本法和《中华人民共和国税收征收管理法》的规定执行。
中华人民共和国耕地占用税法	第十四条　耕地占用税的征收管理，依照本法和《中华人民共和国税收征收管理法》的规定执行。
中华人民共和国城市维护建设税法	第九条　城市维护建设税的征收管理，由税务机关依照本法和《中华人民共和国税收征收管理法》的规定征收管理。
中华人民共和国资源税法	第九条　资源税由税务机关依照本法和《中华人民共和国税收征收管理法》的规定征收管理。
中华人民共和国印花税法	第十八条　印花税由税务机关依照本法和《中华人民共和国税收征收管理法》的规定征收管理。
中华人民共和国个人所得税法	第二十条　个人所得税的征收管理，依照本法和《中华人民共和国税收征收管理法》的规定执行。

① 学习注释——环境保护税法的特殊性在于将税收征收管理法的规定前置，与其他税收法律明显不同。

续表

税收法律	具体规定
中华人民共和国企业所得税法	第四十九条　企业所得税的征收管理除本法规定外，依照《中华人民共和国税收征收管理法》的规定执行。
中华人民共和国船舶吨税法	第二十条　吨税的征收，本法未作规定的，依照有关税收征收管理的法律、行政法规的规定执行。①
中华人民共和国关税法	第七十条　进口环节海关代征税的征收管理，适用关税征收管理的规定。 船舶吨税的征收，《中华人民共和国船舶吨税法》未作规定的，适用关税征收管理的规定。
中华人民共和国增值税法	第三十六条　增值税的征收管理依照本法和《中华人民共和国税收征收管理法》的规定执行。

第三十七条　纳税人、扣缴义务人、税务机关及其工作人员违反本法规定的，依照《中华人民共和国税收征收管理法》和有关法律、行政法规的规定追究法律责任。

中国财税浪子技术提示——本条规定明确了对纳税人、扣缴义务人、征税人违反税法规定的行为依法追究法律责任。

本条规定主要是为了明示相关主体的违规责任。第三十七条与增值税法第三十六条并不矛盾或者重合。第三十六条的规定主要是为了明确增值税征收管理的法律适用。我们在这里将现行税收法律有关追究相关主体违规责任的表述进行总结（见表6）。

① 学习注释——船舶吨税由海关负责征收管理。关税法第七十条第二款规定，船舶吨税的征收，《中华人民共和国船舶吨税法》未作规定的，适用关税征收管理的规定。根据这个规定，船舶吨税的征收管理原则上不再适用税收征收管理法。

表 6

税收法律	具体规定
中华人民共和国车船税法	未直接规定
中华人民共和国环境保护税法	第二十三条　纳税人和税务机关、环境保护主管部门及其工作人员违反本法规定的，依照《中华人民共和国税收征收管理法》《中华人民共和国环境保护法》和有关法律法规的规定追究法律责任。
中华人民共和国车辆购置税法	第十八条　纳税人、税务机关及其工作人员违反本法规定的，依照《中华人民共和国税收征收管理法》和有关法律法规的规定追究法律责任。
中华人民共和国烟叶税法	未直接规定
中华人民共和国契税法	第十五条　纳税人、税务机关及其工作人员违反本法规定的，依照《中华人民共和国税收征收管理法》和有关法律法规的规定追究法律责任。
中华人民共和国耕地占用税法	第十五条　纳税人、税务机关及其工作人员违反本法规定的，依照《中华人民共和国税收征收管理法》和有关法律法规的规定追究法律责任。
中华人民共和国城市维护建设税法	第十条　纳税人、税务机关及其工作人员违反本法规定的，依照《中华人民共和国税收征收管理法》和有关法律法规的规定追究法律责任。
中华人民共和国资源税法	第十三条　纳税人、税务机关及其工作人员违反本法规定的，依照《中华人民共和国税收征收管理法》和有关法律法规的规定追究法律责任。
中华人民共和国印花税法	第十九条　纳税人、扣缴义务人和税务机关及其工作人员违反本法规定的，依照《中华人民共和国税收征收管理法》和有关法律、行政法规的规定追究法律责任。
中华人民共和国个人所得税法	第十九条　纳税人、扣缴义务人和税务机关及其工作人员违反本法规定的，依照《中华人民共和国税收征收管理法》和有关法律法规的规定追究法律责任。
中华人民共和国企业所得税法	未直接规定

续表

税收法律	具体规定
中华人民共和国船舶吨税法	未直接规定
中华人民共和国关税法	设置专章“第六章　法律责任”
中华人民共和国增值税法	第三十七条　纳税人、扣缴义务人、税务机关及其工作人员违反本法规定的，依照《中华人民共和国税收征收管理法》和有关法律、行政法规的规定追究法律责任。

第六章　附　则

第三十八条　本法自2026年1月1日起施行。《中华人民共和国增值税暂行条例》同时废止。

中国财税浪子技术提示——本条规定明确了增值税法的施行日期是2026年1月1日。增值税法的通过日期是2024年12月25日，从通过到生效施行间隔时间比一年稍长，也是考虑到给予税务机关和纳税人足够的准备期。

一、增值税法出台，暂行条例废止，这是顺理成章的事情

1993年12月，国务院发布《中华人民共和国增值税暂行条例》，规定在中华人民共和国境内销售货物或者提供加工、修理修配劳务以及进口货物的单位和个人应当缴纳增值税。2008年，国务院对《增值税暂行条例》作了修订。党的十八大以来，按照党中央、国务院决策部署，深化增值税改革作为实施更大规模减税降费的制度性举措，各项改革工作扎实推进。2016年5月，营业税改征增值税试点全面推开，在此基础上，2017年11月国务院废止了《中华人民共和国营业税暂行条例》，并对《增值税暂行条例》作了部分修改。随着调整增值税税率水平、健全增值税抵扣链条、建立增值税期末留抵退税制度等一系列措施实施，减税降费成果进一步巩固和扩大，改革实现了确保制造业税负明显降低、确保建筑业和交通运输业等行

业税负有所降低、确保其他行业税负只减不增的目标，基本建立了现代增值税制度。目前，增值税是我国第一大税种。按照国务院规定，增值税属于中央与地方共享税，收入实行中央与地方“五五分享”。从近年实际情况看，增值税税制要素基本合理，运行比较平稳。制定增值税法，总体上按照税制平移的思路，保持现行税制框架和税负水平基本不变，将《增值税暂行条例》和有关政策规定上升为法律。同时，根据实际情况对部分内容作了必要调整。增值税法正式施行后，暂行条例也同步废止。

本次被废止的暂行条例是哪一年的增值税暂行条例呢？是1993年的，还是2009年的，抑或是2017年的，这也是增值税立法中曾经引发争议的问题。我们理解，暂行条例从最初诞生，其间无论经过国务院修订几次，都只能视为一部增值税暂行条例，而不能视为几部增值税暂行条例，因此可以笼统地视为《中华人民共和国增值税暂行条例》作为一个整体被废止了，最终将退出历史的舞台。

二、会不会出台增值税法的实施细则（实施条例）

增值税法施行时，暂行条例也同步废止，但是整个增值税法全文只有三十八条，总体上都是规定的增值税的一些基本要素，将来在实务应用中还有许多需要解决的问题，比如什么是货物、服务、无形资产和不动产等一些基本概念的解释，肯定都需要配套的实施条例、实施细则或者实施办法以及其他各种配套规定。从这个角度来说，增值税法的实施细则是一定会出台的。但是出台实施细则并不等于一定要出台一部名称叫《中华人民共和国增值税法实施细则》或者《增值税法实施细则》的具体文件。我们推测有两种可能：一种可能是以国务院的名义制发《中华人民共和国增值税法实施条例》，国务院制定的实施条例属于行政法规。按照近年来的立法习惯，国务院制定的行政法规称为《中华人民共和国增值税法实施细则》的可能性也不大。除了实施条例这部行政法规之外，财政部、国家税务总局等国务院有关部门还会出台其他配套的规章和部门规范性文件，甚至也会以国务院自己的名义颁布一些其他配套的国务院规范性文件（也称法规性文件）。另一种可能是不出台国务院级别的行政法规，单独以财政部、国家税务总局等国务院有关主管部门名义出台规范性文件。比如，在2019年8月29日，为了贯彻落实《中华人民共和国耕地占用税法》，财政部、税务总局、自然资源部、农业农村部、生态环境部五个部门联合制定了《中华人民共和国耕地占用税法实施办法》（财政部 税务总局 自然资源部 农业农村部 生态环境部公告2019年第81号），自2019年9月1日起施行。针对耕地占用税法，国务院没有出台作为行政法规的耕地占用税法实施条例。考虑到增值税法中涉及大量对国务院的授权规定，中国财税浪子还是建议国务院能够及时出台《中华人民共和国增值税法实施条例》，保证增值税法的正确适用和有效施行。目前来看，出台《中华人民共和国增值税法实施条例》的可能性还是非常大的。

也有一些专家学者提出，在增值税法全文中没有授权国务院制定增值税法实施条例，因此国务院没有权力制定实施条例，我们认为这其实也是一种误解。增值税法是否授权国务院制定实施条例并不是国务院依法制定增值税法实施条例的唯一依据。宪法第八十九条规定："国务院行使下列职权：（一）根据宪法和法律，规定行政措施，制定行政法规，发布决定和命令；（二）向全国人民代表大会或者全国人民代表大会常务委员会提出议案；（三）规定各部和各委员会的任务和职责，统一领导各部和各委员会的工作，并且领导不属于各部和各委员会的全国性的行政工作；（四）统一领导全国地方各级国家行政机关的工作，规定中央和省、自治区、直辖市的国家行政机关的职权的具体划分；（五）编制和执行国民经济和社会发展计划和国家预算；（六）领导和管理经济工作和城乡建设、生态文明建设；（七）领导和管理教育、科学、文化、卫生、体育和计划生育工作；（八）领导和管理民政、公安、司法行政等工作；（九）管理对外事务，同外国缔结条约和协定；（十）领导和管理国防建设事业；（十一）领导和管理民族事务，保障少数民族的平等权利和民族自治地方的自治权利；（十二）保护华侨的正当的权利和利益，保护归侨和侨眷的合法的权利和利益；（十三）改变或者撤销各部、各委员会发布的不适当的命令、指示和规章；（十四）改变或者撤销地方各级国家行政机关的不适当的决定和命令；（十五）批准省、自治区、直辖市的区域划分，批准自治州、县、自治县、市的建置和区域划分；（十六）依照法律规定决定省、自治区、直辖市的范围内部分地区进入紧急状态；（十七）审定行政机构的编制，依照法律规定任免、培训、考核和奖惩行政人员；（十八）全国人民代表大会和全国人民代表大会常务委员会授予的其他职权。”我们不难看出，宪法第八十九条第一项就是未来国务院制定和出台增值税法实施条例的基本的法律依据。与之类似的是，《中华人民共和国环境保护税法》也没有授权国务院制定实施条例，但是为了更好地保障环境保护税法实施，国务院也是在环境保护税法临近施行时候紧急出台了《中华人民共和国环境保护税法实施条例》。

小贴士 增值税法施行后，是否会对城市维护建设税产生影响？

中国财税浪子解答：2020年8月11日第十三届全国人民代表大会常务委员会第二十一次会议通过《中华人民共和国城市维护建设税法》第一条规定：“在中华人民共和国境内缴纳增值税、消费税的单位和个人，为城市维护建设税的纳税人，应当依照本法规定缴纳城市维护建设税”。据此可以看出，增值税法的出台客观上也会对城市维护建设税产生影响。城市维护建设税法第三条规定：“对进口货物或者境外单位和个人向境内销售劳务、服务、无形资产缴纳的增值税、消费税税额，不征收城市维护建设税。”结合增值税法取消了“劳务”这个单独的概念，并且将其并入“服务”之中，日后在修改城市维护建设税法或者制定地方附加税法的时候应当同步删除相关销售“劳务”的表述。当然，根据党的二十届三中全会决定的要求，以后将出台专门的地方附加税，这就意味着城建税不仅要修改，还要进行彻底的调整。

三、全国人大常委会1993年12月29日的决定暂时不宜废止

增值税法出台了，是一件非常了不起的事，我国的第一大税种从此进入了税收法律时代。但是还有一部分全国性的法律涉及增值税。这就是1993年12月29日第八届全国人民代表大会常务委员会第五次会议通过的《全国人民代表大会常务委员会关于外商投资企业和外国企业适用增值税、消费税、营业税等税收暂行条例的决定》。我们将决定的全文辑录如下：

第八届全国人民代表大会常务委员会第五次会议审议了国务院关于提请审议外商投资企业和外国企业适用增值税、消费税、营业税等税收暂行条例的议案，为了统一税制，公平税负，改善我国的投资环境，适应建立和发展社会主义市场经济的需要，特作如下决定：

一、在有关税收法律制定以前，外商投资企业和外国企业自1994年1月1日起适用国务院发布的增值税暂行条例、消费税暂行条例和营业税暂行条例。1958年9月11日全国人民代表大会常务委员

会第一百零一次会议原则通过、1958年9月13日国务院公布试行的《中华人民共和国工商统一税条例（草案）》同时废止。

中外合作开采海洋石油、天然气，按实物征收增值税，其税率和征收办法由国务院另行规定。

二、1993年12月31日前已批准设立的外商投资企业，由于依照本决定第一条的规定改征增值税、消费税、营业税而增加税负的，经企业申请，税务机关批准，在已批准的经营期限内，最长不超过五年，退还其因税负增加而多缴纳的税款；没有经营期限的，经企业申请，税务机关批准，在最长不超过五年的期限内，退还其因税负增加而多缴纳的税款。具体办法由国务院规定。

三、除增值税、消费税、营业税外，其他税种对外商投资企业和外国企业的适用，法律有规定的，依照法律的规定执行；法律未作规定的，依照国务院的规定执行。

本决定所称外商投资企业，是指在中国境内设立的中外合资经营企业、中外合作经营企业和外资企业。

本决定所称外国企业，是指在中国境内设立机构、场所，从事生产、经营和虽未设立机构、场所，而有来源于中国境内所得的外国公司、企业和其他经济组织。

本决定自公布之日起施行。

中国财税浪子认为，由于消费税暂行条例等部分税收暂行条例尚未升级为税收法律，因此上述全国人大常委会在1993年作出的决定仍需暂时保留，待后续税收法律制定完毕后，由全国人大常委会再根据立法程序予以废止。

四、增值税法是一个体系，要善于用“系统思维”解决增值税实践中出现的各种矛盾

增值税法是一个严谨的体系。狭义的增值税法仅仅是指全国人大常委会制定并颁布实施的《中华人民共和国增值税法》，广义的增值税法不仅包括作为税收单行法律的增值税法，国务院制定的增值税行政法规和法规性文件、财政部和国家税务总局等制定的增值税规章和部门规范性文件、最高人民法院和最高人民检察院制定的有关增值税的司法解释都可以纳入其中。我们在学习和运用增值税法时要善于运用广义增值税法构成的整体逻辑、狭义增值税法塑造的内在逻辑，运用辩证的、全面的、系统的思维去认识问题、分析问题和解决问题。习近平总书记指出，“改革要更加注重系统集成，坚持以全局观念和系统思维谋划推进，加强各项改革举措的协调配套，推动各领域各方面改革举措同向发力、形成合力，增强整体效能，防止和克服各行其是、相互掣肘的现象”。其实增值税的立法、执法、司法未来都要在用习近平总书记反复提倡和强调的“系统思维”去谋划和运用。

五、增值税法自2026年1月1日起施行，那么一项应税销售行为在2026年1月1日之前已经发生且持续到2026年1月1日以后，我们需要将这个业务“一拆为二”，此前的部分适用增值税暂行条例，后面的部分适用增值税法吗？

这是一个非常重要的政策过渡和衔接问题。目前对这个问题至少有两种理解，第一种是看应税交易（应税销售行为）何时发生，如果是在2026年1月1日之前（不含当日）发生的，适用暂行条例。如果是在2026年1月1日之后（含当日）发生的，适用增值税法。增值税法第四条、第八条第一款、第十二条、第十三条、第十五条

第一款、第十六条第一款、第十七条、第十九条、第二十三条第一款、第二十八条均有发生应税交易的提法，同时第二十八条还专门界定了增值税纳税义务发生时间，当然到底什么是发生应税交易的“发生”，增值税法并无任何解释。第二种理解是结合第二十八条纳税义务发生时间进行判断。纳税义务发生时间在2026年1月1日之前的，适用暂行条例，2026年1月1日及以后的，适用增值税法。

上述两种理解，在过去的实务中都有一定的运用。

看应税交易何时发生。比如，国家税务总局货物和劳务税司在2020年1月8日发布的《关于财政补贴等增值税政策问题即问即答》第一个问题“某新能源汽车企业2020年才收到2019年销售新能源汽车的中央财政补贴，请问需要缴纳增值税吗？”的回答则可以作为第一种理解来看待。具体是这样回答的：从2020年1月1日起取得的财政补贴收入，是指纳税人2020年1月1日以后销售货物、劳务、服务、无形资产、不动产，取得的财政补贴。纳税人2020年1月1日后收到2019年12月31日以前销售新能源汽车对应的中央财政补贴收入，属于《国家税务总局关于取消增值税扣税凭证认证确认期限等增值税征管问题的公告》（国家税务总局公告2019年第45号，以下称45号公告）第七条规定的“本公告实施前，纳税人取得中央财政补贴”情形，应继续按照《国家税务总局关于中央财政补贴增值税有关问题的公告》（2013年第3号）的规定执行，无需缴纳增值税。这里强调的是“纳税人2020年1月1日以后销售货物、劳务、服务、无形资产、不动产，取得的财政补贴”，显然强调的是发生应税销售行为也就是增值税法中的应税交易是在2020年1月1日以后。这里的发生可以按照汉语的字面意思来理解，就是原来不存在的事情出现了，发生应税交易意味着应税交易原来是不存在的，这个应税交易现在开始出现。如果按照理解，只有2026年1月1日及以后新发生的应税交易才可以适用增值税法，2026年1月1日之前已经发生的应税交易，无论是否结束都适用暂行条例。

看纳税义务何时发生。比如，按照实施细则规定，采用分期收款方式销售货物，增值税纳税义务发生时间为书面合同约定的收款日期的当天，无书面合同或者书面合同没有约定收款日期的，为货物发出的当天。按照《财政部 税务总局 海关总署关于深化增值税改革有关政策的公告》（财政部 税务总局 海关总署公告2019年第39号）第一条规定，自2019年4月1日起，增值税一般纳税人发生增值税应税销售行为或者进口货物，原适用16%税率的，税率调整为13%；原适用10%税率的，税率调整为9%。这里的发生我们当时在操作的时候普遍都按照增值税纳税义务发生时间来理解。如果前述分期收款销售货物约定的收款日期在2019年4月1日之前，适用调整之前的税率，在当日及以后的适用调整之后的税率。这个理解方式不考虑应税交易是否已经发生，而是一律按照对应的增值税纳税义务发生时间来确定税法的适用。凡是对应的增值税纳税义务发生在2026年1月1日之前的，适用暂行条例；纳税义务发生时间在2026年1月1日及以后的，适用增值税法。

当然，以上两种理解未必只能选择其一。实务中也有可能将两种理解结合起来运用。

附　录

附录 1：

中华人民共和国增值税法

（2024 年 12 月 25 日第十四届全国人民代表大会常务委员会第十三次会议通过）

目　录

第一章　总　则

第一条　为了健全有利于高质量发展的增值税制度，规范增值税的征收和缴纳，保护纳税人的合法权益，制定本法。

第二条　增值税税收工作应当贯彻落实党和国家路线方针政策、决策部署，为国民经济和社会发展服务。

第三条　在中华人民共和国境内（以下简称境内）销售货物、服务、无形资产、不动产（以下称应税交易），以及进口货物的单位和个人（包括个体工商户），为增值税的纳税人，应当依照本法规定缴纳增值税。

销售货物、服务、无形资产、不动产，是指有偿转让货物、不动产的所有权，有偿提供服务，有偿转让无形资产的所有权或者使用权。

第四条 在境内发生应税交易，是指下列情形：

（一）销售货物的，货物的起运地或者所在地在境内；

（二）销售或者租赁不动产、转让自然资源使用权的，不动产、自然资源所在地在境内；

（三）销售金融商品的，金融商品在境内发行，或者销售方为境内单位和个人；

（四）除本条第二项、第三项规定外，销售服务、无形资产的，服务、无形资产在境内消费，或者销售方为境内单位和个人。

第五条 有下列情形之一的，视同应税交易，应当依照本法规定缴纳增值税：

（一）单位和个体工商户将自产或者委托加工的货物用于集体福利或者个人消费；

（二）单位和个体工商户无偿转让货物；

（三）单位和个人无偿转让无形资产、不动产或者金融商品。

第六条 有下列情形之一的，不属于应税交易，不征收增值税：

（一）员工为受雇单位或者雇主提供取得工资、薪金的服务；

（二）收取行政事业性收费、政府性基金；

（三）依照法律规定被征收、征用而取得补偿；

（四）取得存款利息收入。

第七条 增值税为价外税，应税交易的销售额不包括增值税税额。增值税税额，应当按照国务院的规定在交易凭证上单独列明。

第八条 纳税人发生应税交易，应当按照一般计税方法，通过销项税额抵扣进项税额计算应纳税额的方式，计算缴纳增值税；本法另有规定的除外。

小规模纳税人可以按照销售额和征收率计算应纳税额的简易计税方法，计算缴纳增值税。

中外合作开采海洋石油、天然气增值税的计税方法等，按照国务院的有关规定执行。

第九条 本法所称小规模纳税人，是指年应征增值税销售额未超过五百万元的纳税人。

小规模纳税人会计核算健全，能够提供准确税务资料的，可以向主管税务机关办理登记，按照本法规定的一般计税方法计算缴纳增值税。

根据国民经济和社会发展的需要，国务院可以对小规模纳税人的标准作出调整，报全国人民代表大会常务委员会备案。

第二章 税 率

第十条 增值税税率：

（一）纳税人销售货物、加工修理修配服务、有形动产租赁服务，进口货物，除本条第二项、第四项、第五项规定外，税率为百分之十三。

（二）纳税人销售交通运输、邮政、基础电信、建筑、不动产租赁服务，销售不动产，转让土地使用权，销售或者进口下列货物，除本条第四项、第五项规定外，税率为百分之九：

1. 农产品、食用植物油、食用盐；

2. 自来水、暖气、冷气、热水、煤气、石油液化气、天然气、二甲醚、沼气、居民用煤炭制品；

3. 图书、报纸、杂志、音像制品、电子出版物；

4. 饲料、化肥、农药、农机、农膜。

（三）纳税人销售服务、无形资产，除本条第一项、第二项、第五项规定外，税率为百分之六。

（四）纳税人出口货物，税率为零；国务院另有规定的除外。

（五）境内单位和个人跨境销售国务院规定范围内的服务、无形资产，税率为零。

第十一条　适用简易计税方法计算缴纳增值税的征收率为百分之三。

第十二条　纳税人发生两项以上应税交易涉及不同税率、征收率的，应当分别核算适用不同税率、征收率的销售额；未分别核算的，从高适用税率。

第十三条　纳税人发生一项应税交易涉及两个以上税率、征收率的，按照应税交易的主要业务适用税率、征收率。

第三章　应纳税额

第十四条　按照一般计税方法计算缴纳增值税的，应纳税额为当期销项税额抵扣当期进项税额后的余额。

按照简易计税方法计算缴纳增值税的，应纳税额为当期销售额乘以征收率。

进口货物，按照本法规定的组成计税价格乘以适用税率计算缴纳增值税。组成计税价格，为关税计税价格加上关税和消费税；国务院另有规定的，从其规定。

第十五条　境外单位和个人在境内发生应税交易，以购买方为扣缴义务人；按照国务院的规定委托境内代理人申报缴纳税款的除外。

扣缴义务人依照本法规定代扣代缴税款的，按照销售额乘以税率计算应扣缴税额。

第十六条　销项税额，是指纳税人发生应税交易，按照销售额乘以本法规定的税率计算的增值税税额。

进项税额，是指纳税人购进货物、服务、无形资产、不动产支付或者负担的增值税税额。

纳税人应当凭法律、行政法规或者国务院规定的增值税扣税凭证从销项税额中抵扣进项税额。

第十七条 销售额，是指纳税人发生应税交易取得的与之相关的价款，包括货币和非货币形式的经济利益对应的全部价款，不包括按照一般计税方法计算的销项税额和按照简易计税方法计算的应纳税额。

第十八条 销售额以人民币计算。纳税人以人民币以外的货币结算销售额的，应当折合成人民币计算。

第十九条 发生本法第五条规定的视同应税交易以及销售额为非货币形式的，纳税人应当按照市场价格确定销售额。

第二十条 销售额明显偏低或者偏高且无正当理由的，税务机关可以依照《中华人民共和国税收征收管理法》和有关行政法规的规定核定销售额。

第二十一条 当期进项税额大于当期销项税额的部分，纳税人可以按照国务院的规定选择结转下期继续抵扣或者申请退还。

第二十二条 纳税人的下列进项税额不得从其销项税额中抵扣：

（一）适用简易计税方法计税项目对应的进项税额；

（二）免征增值税项目对应的进项税额；

（三）非正常损失项目对应的进项税额；

（四）购进并用于集体福利或者个人消费的货物、服务、无形资产、不动产对应的进项税额；

（五）购进并直接用于消费的餐饮服务、居民日常服务和娱乐服务对应的进项税额；

（六）国务院规定的其他进项税额。

第四章　税收优惠

第二十三条　小规模纳税人发生应税交易，销售额未达到起征点的，免征增值税；达到起征点的，依照本法规定全额计算缴纳增值税。

前款规定的起征点标准由国务院规定，报全国人民代表大会常务委员会备案。

第二十四条　下列项目免征增值税：

（一）农业生产者销售的自产农产品，农业机耕、排灌、病虫害防治、植物保护、农牧保险以及相关技术培训业务，家禽、牲畜、水生动物的配种和疾病防治；

（二）医疗机构提供的医疗服务；

（三）古旧图书，自然人销售的自己使用过的物品；

（四）直接用于科学研究、科学试验和教学的进口仪器、设备；

（五）外国政府、国际组织无偿援助的进口物资和设备；

（六）由残疾人的组织直接进口供残疾人专用的物品，残疾人个人提供的服务；

（七）托儿所、幼儿园、养老机构、残疾人服务机构提供的育养服务，婚姻介绍服务，殡葬服务；

（八）学校提供的学历教育服务，学生勤工俭学提供的服务；

（九）纪念馆、博物馆、文化馆、文物保护单位管理机构、美术馆、展览馆、书画院、图书馆举办文化活动的门票收入，宗教场所举办文化、宗教活动的门票收入。

前款规定的免税项目具体标准由国务院规定。

第二十五条　根据国民经济和社会发展的需要，国务院对支持小微企业发展、扶持重点产业、鼓励创新创业就业、公益事业捐赠等情形可以制定增值税专项优惠政策，报全国人民代表大会常务委员会备案。

国务院应当对增值税优惠政策适时开展评估、调整。

第二十六条 纳税人兼营增值税优惠项目的，应当单独核算增值税优惠项目的销售额；未单独核算的项目，不得享受税收优惠。

第二十七条 纳税人可以放弃增值税优惠；放弃优惠的，在三十六个月内不得享受该项税收优惠，小规模纳税人除外。

第五章 征收管理

第二十八条 增值税纳税义务发生时间，按照下列规定确定：

（一）发生应税交易，纳税义务发生时间为收讫销售款项或者取得销售款项索取凭据的当日；先开具发票的，为开具发票的当日。

（二）发生视同应税交易，纳税义务发生时间为完成视同应税交易的当日。

（三）进口货物，纳税义务发生时间为货物报关进口的当日。

增值税扣缴义务发生时间为纳税人增值税纳税义务发生的当日。

第二十九条 增值税纳税地点，按照下列规定确定：

（一）有固定生产经营场所的纳税人，应当向其机构所在地或者居住地主管税务机关申报纳税。总机构和分支机构不在同一县（市）的，应当分别向各自所在地的主管税务机关申报纳税；经省级以上财政、税务主管部门批准，可以由总机构汇总向总机构所在地的主管税务机关申报纳税。

（二）无固定生产经营场所的纳税人，应当向其应税交易发生地主管税务机关申报纳税；未申报纳税的，由其机构所在地或者居住地主管税务机关补征税款。

（三）自然人销售或者租赁不动产，转让自然资源使用权，提供建筑服务，应当向不动产所在地、自然资源所在地、建筑服务发生地主管税务机关申报纳税。

（四）进口货物的纳税人，应当按照海关规定的地点申报纳税。

（五）扣缴义务人，应当向其机构所在地或者居住地主管税务机关申报缴纳扣缴的税款；机构所在地或者居住地在境外的，应当向应税交易发生地主管税务机关申报缴纳扣缴的税款。

第三十条 增值税的计税期间分别为十日、十五日、一个月或者一个季度。纳税人的具体计税期间，由主管税务机关根据纳税人应纳税额的大小分别核定。不经常发生应税交易的纳税人，可以按次纳税。

纳税人以一个月或者一个季度为一个计税期间的，自期满之日起十五日内申报纳税；以十日或者十五日为一个计税期间的，自次月一日起十五日内申报纳税。

扣缴义务人解缴税款的计税期间和申报纳税期限，依照前两款规定执行。

纳税人进口货物，应当按照海关规定的期限申报并缴纳税款。

第三十一条 纳税人以十日或者十五日为一个计税期间的，应当自期满之日起五日内预缴税款。

法律、行政法规对纳税人预缴税款另有规定的，从其规定。

第三十二条 增值税由税务机关征收，进口货物的增值税由海关代征。

海关应当将代征增值税和货物出口报关的信息提供给税务机关。

个人携带或者寄递进境物品增值税的计征办法由国务院制定，报全国人民代表大会常务委员会备案。

第三十三条 纳税人出口货物或者跨境销售服务、无形资产，适用零税率的，应当向主管税务机关申报办理退（免）税。出口退（免）税的具体办法，由国务院制定。

第三十四条 纳税人应当依法开具和使用增值税发票。增值税发票包括纸质发票和电子发票。电子发票与纸质发票具有同等法律效力。

国家积极推广使用电子发票。

第三十五条　税务机关与工业和信息化、公安、海关、市场监督管理、人民银行、金融监督管理等部门建立增值税涉税信息共享机制和工作配合机制。

有关部门应当依照法律、行政法规，在各自职责范围内，支持、协助税务机关开展增值税征收管理。

第三十六条　增值税的征收管理依照本法和《中华人民共和国税收征收管理法》的规定执行。

第三十七条　纳税人、扣缴义务人、税务机关及其工作人员违反本法规定的，依照《中华人民共和国税收征收管理法》和有关法律、行政法规的规定追究法律责任。

第六章　附　则

第三十八条　本法自2026年1月1日起施行。《中华人民共和国增值税暂行条例》同时废止。

附录2：

关于《中华人民共和国增值税法（草案）》的说明

——2022年12月27日在第十三届全国人民代表大会
常务委员会第三十八次会议上
财政部部长　刘　昆

全国人民代表大会常务委员会：

我受国务院委托，现对《中华人民共和国增值税法（草案）》作说明。

1993年12月，国务院发布《中华人民共和国增值税暂行条例》（以下简称《增值税暂行条例》），规定在中华人民共和国境内销售货物或者提供加工、修理修配劳务以及进口货物的单位和个人应当缴纳增值税。2008年，国务院对《增值税暂行条例》作了修订。党的十八大以来，按照党中央、国务院决策部署，深化增值税改革作为实施更大规模减税降费的制度性举措，各项改革工作扎实推进。2016年5月，营业税改征增值税试点全面推开，在此基础上，2017年11月国务院废止了《中华人民共和国营业税暂行条例》，并对《增值税暂行条例》作了部分修改。随着调整增值税税率水平、健全增值税抵扣链条、建立增值税期末留抵退税制度等一系列措施实施，减税降费成果进一步巩固和扩大，改革实现了确保制造业税负明显降低、确保建筑业和交通运输业等行业税负有所降低、确保其他行业税负只减不增的目标，基本建立了现代增值税制度。目前，增值税是我国第一大税种，2021年全国增值税收入61982亿元，占全国税收收入的36%。按照国务院规定，增值税属于中央与地方共享税，收入实行中央与地方“五五分享”。

《中共中央关于全面深化改革若干重大问题的决定》提出“落实税收法定原则”，提请全国人大常委会审议增值税法草案已列入国务院2022年度立法工作计划。为贯彻落实党中央、国务院决策部署，推动完善税收法律制度，财政部、税务总局在广泛调研、听取各有关方面意见并向社会公开征求意见基础上，起草了《中华人民共和国增值税法（送审稿）》。司法部充分征求各方面意见，会同财政部、税务总局修改形成了《中华人民共和国增值税法（草案）》（以下简称草案）。草案已经国务院常务会议讨论通过。现说明如下：

一、立法的总体思路

从近年实际情况看，增值税税制要素基本合理，运行比较平稳。制定增值税法，总体上按照税制平移的思路，保持现行税制框架和税负水平基本不变，将《增值税暂行条例》和有关政策规定上升为法律。同时，根据实际情况对部分内容作了必要调整。

二、草案的主要内容

草案共6章36条，主要规定了以下内容：

（一）纳税人和征税范围。在中华人民共和国境内销售货物、服务、无形资产、不动产，以及进口货物的单位和个人为增值税的纳税人。销售货物、服务、无形资产、不动产，是指有偿转让货物、不动产的所有权，有偿提供服务，有偿转让无形资产的所有权或者使用权。增值税为价外税，应税交易的销售额不包括增值税税额。

（二）税率。维持现行13%、9%、6%三档税率不变。一是销售货物、加工修理修配服务、有形动产租赁服务，进口货物，除另有规定外，税率为13%；二是销售交通运输、邮政、基础电信、建筑、不动产租赁服务，销售不动产，转让土地使用权，销售或者进口农产品等货物，除另有规定外，税率为9%；三是销售其他服务、无形资产，税率为6%。同时规定，出口货物以及境内单位和个人跨境销售国务院规定范围内的服务、无形资产，税率为零。小规模纳税人等适用简易计税方法的征收率为3%。

（三）应纳税额。按照一般计税方法计算的应纳税额，为当期销项税额抵扣当期进项税额后的余额；按照简易计税方法计算的应纳税额，为当期销售额乘以征收率；进口货物，按照组成计税价格乘以适用税率计算缴纳增值税。当期进项税额大于当期销项税额的部分，可以结转下期继续抵扣或者予以退还。

（四）税收优惠。维持现行税收优惠项目不变，并规定免税项目具体标准由国务院规定。应税交易的销售额未达到国务院规定的增值税起征点的，免征增值税。同时规定，根据国民经济和社会发展的需要，国务院可以制定增值税专项优惠政策，报全国人大常委会备案。

（五）征收管理。增值税由税务机关征收，进口货物的增值税由海关代征。纳税人应当依法开具和使用增值税发票，电子发票与纸质发票具有同等法律效力。此外，还对增值税的纳税义务发生时间、纳税地点、计税期间、扣缴义务人、涉税信息共享等税收征管事项作了规定。

草案和以上说明是否妥当，请审议。

附录3：

全国人民代表大会宪法和法律委员会关于《中华人民共和国增值税法（草案）》修改情况的汇报

全国人民代表大会常务委员会：

增值税是我国第一大税种，约占全国税收收入的30%左右。按照党中央关于“落实税收法定原则”的改革部署，根据全国人大常委会立法规划计划安排，国务院有关部门研究起草了增值税法草案，由国务院提请全国人大常委会审议。草案总体上按照税制平移的思路，保持现行税制框架和税负水平基本不变，将增值税暂行条例和有关政策规定上升为法律，主要对征税范围、纳税人、税率、应纳税额、税收优惠和征收管理作了规定。2022年12月，十三届全国人大常委会第三十八次会议对草案进行了初次审议。会后，法制工作委员会将草案印发各省（区、市）和部分较大的市人大、中央有关部门以及部分基层立法联系点、全国人大代表、研究机构等征求意见，在中国人大网全文公布草案征求社会公众意见。宪法和法律委员会、财政经济委员会、法制工作委员会、预算工作委员会联合召开座谈会，听取中央有关部门、全国人大代表、协会、企业、专家学者对草案的意见。宪法和法律委员会、法制工作委员会到上海、江苏、河北等地调研，听取意见；并就草案的有关问题同有关方面交换意见，共同研究。宪法和法律委员会于7月26日召开会议，根据常委会组成人员审议意见和各方面的意见，对草案进行了逐条审议。财政经济委员会、预算工作委员会、司法部、财政部、国家税务总局有关负责同志列席了会议。8月23日，宪法和法律委员会召开会议，再次进行了审议。现将增值税法草案主要问题修改情况汇报如下：

一、有的常委委员提出，为突出增值税价外税的特点，建议在交易凭证上单独列明增值税税额。宪法和法律委员会经研究，建议增加规定：增值税税额，应当按照国务院的规定在交易凭证上单独列明。

二、有的常委会组成人员建议，进一步明确简易计税的适用范围，细化完善相关规定。宪法和法律委员会经研究，建议将草案相关规定修改为：小规模纳税人以及符合国务院规定的纳税人，可以按照销售额和征收率计算应纳税额的简易计税方法，计算缴纳增值税。

三、有的常委会组成人员、地方和单位建议，将现行的小规模纳税人有关政策规定上升为法律，充实完善相关制度。宪法和法律委员会经研究，建议作以下修改：一是明确小规模纳税人的标准，年应征增值税销售额未超过五百万元的纳税人，为小规模纳税人；二是增加规定，小规模纳税人会计核算健全、能够提供准确税务资料的，可以向主管税务机关办理登记，按照一般计税方法计算缴纳增值税；三是增加规定，根据国民经济和社会发展的需要，国务院可以对小规模纳税人的标准作出调整，报全国人民代表大会常务委员会备案。

四、草案第十六条对留抵税额的两种处理方式作了规定。有的常委会组成人员、地方和专家学者建议，明确规定纳税人有权自主选择留抵税额的处理方式。宪法和法律委员会经研究，建议将相关规定修改为：当期进项税额大于当期销项税额的部分，纳税人可以选择结转下期继续抵扣或者申请退还。具体办法由国务院规定。

五、有的常委委员、地方和专家学者提出，草案授权国务院根据国民经济和社会发展需要制定增值税专项优惠政策，但未明确相关范围和要求，建议增加。宪法和法律委员会经研究，建议将相关规定修改为：根据国民经济和社会发展的需要，国务院对支持小微企业发展、扶持重点产业、鼓励创业就业等情形可以制定增值税专项优惠政策，报全国人民代表大会常务委员会备案。

六、有的常委会组成人员、地方、专家学者、社会公众建议，按照立法法的规定和税收法定原则的要求，进一步规范相关税收立法授权条款；有的提出，在规范税收立法授权的同时，也要为国务院根据经济社会发展需要相机调控留出适当空间。宪法和法律委员会经研究，建议将草案第四条（视同应税交易的兜底情形认定）、第十二条（按照差额计算销售额的特殊情况）、第十六条第二款（扣税凭证范围认定）、第十七条（不得抵扣的进项税额的兜底情形认定）、第二十九条（税款预缴的具体办法）、第三十一条（出口退免税的具体办法）等条款中对国务院财政、税务主管部门的授权性规定，调整或者明确为依照法律、行政法规或者国务院的规定确定。

此外，还对草案作了一些文字修改。

草案二次审议稿已按上述意见作了修改，宪法和法律委员会建议提请本次常委会会议继续审议。

草案二次审议稿和以上汇报是否妥当，请审议。

全国人民代表大会宪法和法律委员会

2023年8月28日

附录4：

全国人民代表大会宪法和法律委员会关于《中华人民共和国增值税法（草案）》审议结果的报告

全国人民代表大会常务委员会：

常委会第五次会议对增值税法草案进行了二次审议。会后，法制工作委员会在中国人大网全文公布草案二次审议稿，征求社会公众意见。宪法和法律委员会、法制工作委员会到广东调研，听取有关部门、企业等方面的意见。贯彻落实党的二十届三中全会决定关于"全面落实税收法定原则，规范税收优惠政策"等决策部署，国务院方面对增值税的税制要素、全面清理规范增值税优惠政策等问题进行了研究，对进一步完善增值税法草案提出了相关建议。宪法和法律委员会、法制工作委员会就草案有关问题同有关方面交换意见，共同研究。宪法和法律委员会于11月25日召开会议，根据常委会组成人员的审议意见和各方面的意见，对草案进行了逐条审议。财政经济委员会、预算工作委员会、司法部、财政部、国家税务总局有关负责同志列席了会议。12月16日，宪法和法律委员会召开会议，再次进行了审议。宪法和法律委员会认为，草案经过两次审议修改，已经比较成熟。同时，提出以下主要修改意见：

一、有的常委委员建议，按照党的二十届三中全会决定关于"全面落实税收法定原则，规范税收优惠政策"的要求，进一步减少草案中的立法授权条款，完善税收优惠规定。宪法和法律委员会经同有关方面研究，建议删去草案二次审议稿中关于授权国务院规定视同应税交易的兜底情形、按照简易方法计税的特殊情形、按照差额计算销售额的特殊情形、放弃增值税优惠后不得享受该项优惠的期限、纳税人进行汇总纳税的审批机关等内容，改由在法律中直接作出规定，或者经清理规范后纳入税收优惠范围；同时删去个别免税项目。

二、有的意见提出，1993年全国人大常委会通过关于外商投资企业和外国企业适用增值税、消费税、营业税等税收暂行条例的决定，国务院据此对中外合作开采海洋石油、天然气增值税的计税方法等作了特别规定，建议做好衔接。宪法和法律委员会经研究，建议增加规定：中外合作开采海洋石油、天然气增值税的计税方法等，按照国务院的有关规定执行。

三、有的部门提出，实践中进口货物增值税由海关代征，与关税一并缴纳，建议做好与关税法有关规定的衔接。宪法和法律委员会经研究，建议对进口货物增值税纳税义务发生时间、税款申报缴纳期限的规定作进一步完善。

四、草案二次审议稿第三十一条第三款规定，个人携带或者寄递进境物品增值税的计征办法由国务院制定。根据有关方面的意见，宪法和法律委员会经研究，建议增加报全国人大常委会备案的规定。

此外，还对草案二次审议稿作了一些文字修改。

草案三次审议稿已按上述意见作了修改，宪法和法律委员会建议提请本次常委会会议审议通过。

草案三次审议稿和以上报告是否妥当，请审议。

全国人民代表大会宪法和法律委员会

2024年12月21日

附录5：

全国人民代表大会宪法和法律委员会关于《中华人民共和国增值税法（草案三次审议稿）》修改意见的报告

全国人民代表大会常务委员会：

本次常委会会议于12月21日下午对增值税法草案三次审议稿进行了分组审议。普遍认为，草案已经比较成熟，建议进一步修改后，提请本次常委会会议表决通过。同时，有些常委会组成人员和列席人员还提出了一些修改意见和建议。宪法和法律委员会于12月22日下午召开会议，逐条研究了常委会组成人员和列席人员的审议意见，对草案进行统一审议。财政经济委员会、预算工作委员会、司法部、财政部、国家税务总局有关负责同志列席了会议。宪法和法律委员会认为，草案是可行的，同时，提出以下修改意见：

一、有的常委委员建议增加一条，对本法的立法目的作出规定。宪法和法律委员会经研究，建议增加一条，作为第一条，规定：为了健全有利于高质量发展的增值税制度，规范增值税的征收和缴纳，保护纳税人的合法权益，制定本法；同时，对草案三次审议稿第一条、第二条的顺序予以调整。

二、有的常委委员提出，境外单位和个人在境内发生应税交易的，可以委托其境内代理人申报纳税，建议予以明确。宪法和法律委员会经研究，建议采纳这一意见。

三、有的常委委员提出，草案授权国务院规定增值税起征点，应当报全国人大常委会备案。宪法和法律委员会经研究，建议采纳这一意见。

四、有的常委委员建议，在国务院制定专项优惠政策的情形中增加“公益事业捐赠”。宪法和法律委员会经研究，建议采纳这一意见。

五、有的常委会组成人员建议，根据党的二十届三中全会有关改革部署，在草案中增加清理规范增值税优惠政策的内容。宪法和法律委员会经研究，建议增加规定：国务院应当对增值税优惠政策适时开展评估、调整。

一些常委会组成人员还对做好本法实施工作、进一步深化增值税改革等提出了很好的意见建议。宪法和法律委员会研究认为，党的二十届三中全会对优化税制结构、规范税收优惠政策、完善增值税留抵退税政策和抵扣链条等作出部署。国务院有关部门要抓紧制定本法配套规定，清理规范增值税优惠政策，加强法律的宣传解读，保证本法有效实施；同时，要按照党中央关于全面落实税收法定原则，健全有利于高质量发展、社会公平、市场统一的税收制度的要求，研究推进进一步深化增值税改革，涉及修改法律的，及时提出相关建议。

经与有关部门研究，建议将本法的施行时间确定为2026年1月1日。

此外，根据常委会组成人员的审议意见，还对草案三次审议稿作了一些文字修改。

草案修改稿已按上述意见作了修改，宪法和法律委员会建议提请本次常委会会议审议通过。

草案修改稿和以上报告是否妥当，请审议。

全国人民代表大会宪法和法律委员会

2024年12月24日

附录6：

中华人民共和国增值税暂行条例

（1993年12月13日中华人民共和国国务院令第134号公布　2008年11月5日国务院第34次常务会议修订通过　根据2016年2月6日《国务院关于修改部分行政法规的决定》第一次修订　根据2017年11月19日《国务院关于废止〈中华人民共和国营业税暂行条例〉和修改〈中华人民共和国增值税暂行条例〉的决定》第二次修订）

第一条　在中华人民共和国境内销售货物或者加工、修理修配劳务（以下简称劳务），销售服务、无形资产、不动产以及进口货物的单位和个人，为增值税的纳税人，应当依照本条例缴纳增值税。

第二条　增值税税率：

（一）纳税人销售货物、劳务、有形动产租赁服务或者进口货物，除本条第二项、第四项、第五项另有规定外，税率为17%。

（二）纳税人销售交通运输、邮政、基础电信、建筑、不动产租赁服务，销售不动产，转让土地使用权，销售或者进口下列货物，税率为11%：

1.粮食等农产品、食用植物油、食用盐；

2.自来水、暖气、冷气、热水、煤气、石油液化气、天然气、二甲醚、沼气、居民用煤炭制品；

3.图书、报纸、杂志、音像制品、电子出版物；

4.饲料、化肥、农药、农机、农膜；

5.国务院规定的其他货物。

（三）纳税人销售服务、无形资产，除本条第一项、第二项、第五项另有规定外，税率为6%。

（四）纳税人出口货物，税率为零；但是，国务院另有规定的除外。

（五）境内单位和个人跨境销售国务院规定范围内的服务、无形资产，税率为零。税率的调整，由国务院决定。

第三条 纳税人兼营不同税率的项目，应当分别核算不同税率项目的销售额；未分别核算销售额的，从高适用税率。

第四条 除本条例第十一条规定外，纳税人销售货物、劳务、服务、无形资产、不动产（以下统称应税销售行为），应纳税额为当期销项税额抵扣当期进项税额后的余额。应纳税额计算公式：

应纳税额＝当期销项税额－当期进项税额

当期销项税额小于当期进项税额不足抵扣时，其不足部分可以结转下期继续抵扣。

第五条 纳税人发生应税销售行为，按照销售额和本条例第二条规定的税率计算收取的增值税额，为销项税额。销项税额计算公式：

销项税额＝销售额 × 税率

第六条 销售额为纳税人发生应税销售行为收取的全部价款和价外费用，但是不包括收取的销项税额。

销售额以人民币计算。纳税人以人民币以外的货币结算销售额的，应当折合成人民币计算。

第七条 纳税人发生应税销售行为的价格明显偏低并无正当理由的，由主管税务机关核定其销售额。

第八条 纳税人购进货物、劳务、服务、无形资产、不动产支付或者负担的增值税额，为进项税额。

下列进项税额准予从销项税额中抵扣：

（一）从销售方取得的增值税专用发票上注明的增值税额。

（二）从海关取得的海关进口增值税专用缴款书上注明的增值税额。

（三）购进农产品，除取得增值税专用发票或者海关进口增值税专用缴款书外，按照农产品收购发票或者销售发票上注明的农产品买价和11%的扣除率计算的进项税额，国务院另有规定的除外。进项税额计算公式：

进项税额＝买价×扣除率

（四）自境外单位或者个人购进劳务、服务、无形资产或者境内的不动产，从税务机关或者扣缴义务人取得的代扣代缴税款的完税凭证上注明的增值税额。

准予抵扣的项目和扣除率的调整，由国务院决定。

第九条 纳税人购进货物、劳务、服务、无形资产、不动产，取得的增值税扣税凭证不符合法律、行政法规或者国务院税务主管部门有关规定的，其进项税额不得从销项税额中抵扣。

第十条 下列项目的进项税额不得从销项税额中抵扣：

（一）用于简易计税方法计税项目、免征增值税项目、集体福利或者个人消费的购进货物、劳务、服务、无形资产和不动产；

（二）非正常损失的购进货物，以及相关的劳务和交通运输服务；

（三）非正常损失的在产品、产成品所耗用的购进货物（不包括固定资产）、劳务和交通运输服务；

（四）国务院规定的其他项目。

第十一条 小规模纳税人发生应税销售行为，实行按照销售额和征收率计算应纳税额的简易办法，并不得抵扣进项税额。应纳税额计算公式：

应纳税额＝销售额×征收率

小规模纳税人的标准由国务院财政、税务主管部门规定。

第十二条 小规模纳税人增值税征收率为3%，国务院另有规定的除外。

第十三条 小规模纳税人以外的纳税人应当向主管税务机关办理登记。具体登记办法由国务院税务主管部门制定。

小规模纳税人会计核算健全，能够提供准确税务资料的，可以向主管税务机关办理登记，不作为小规模纳税人，依照本条例有关规定计算应纳税额。

第十四条 纳税人进口货物，按照组成计税价格和本条例第二条规定的税率计算应纳税额。组成计税价格和应纳税额计算公式：

组成计税价格=关税完税价格+关税+消费税

应纳税额=组成计税价格×税率

第十五条 下列项目免征增值税：

（一）农业生产者销售的自产农产品；

（二）避孕药品和用具；

（三）古旧图书；

（四）直接用于科学研究、科学试验和教学的进口仪器、设备；

（五）外国政府、国际组织无偿援助的进口物资和设备；

（六）由残疾人的组织直接进口供残疾人专用的物品；

（七）销售的自己使用过的物品。

除前款规定外，增值税的免税、减税项目由国务院规定。任何地区、部门均不得规定免税、减税项目。

第十六条 纳税人兼营免税、减税项目的，应当分别核算免税、减税项目的销售额；未分别核算销售额的，不得免税、减税。

第十七条 纳税人销售额未达到国务院财政、税务主管部门规定的增值税起征点的，免征增值税；达到起征点的，依照本条例规定全额计算缴纳增值税。

第十八条 中华人民共和国境外的单位或者个人在境内销售劳务，在境内未设有经营机构的，以其境内代理人为扣缴义务人；在境内没有代理人的，以购买方为扣缴义务人。

第十九条 增值税纳税义务发生时间：

（一）发生应税销售行为，为收讫销售款项或者取得索取销售款项凭据的当天；先开具发票的，为开具发票的当天。

（二）进口货物，为报关进口的当天。

增值税扣缴义务发生时间为纳税人增值税纳税义务发生的当天。

第二十条 增值税由税务机关征收，进口货物的增值税由海关代征。

个人携带或者邮寄进境自用物品的增值税，连同关税一并计征。具体办法由国务院关税税则委员会会同有关部门制定。

第二十一条 纳税人发生应税销售行为，应当向索取增值税专用发票的购买方开具增值税专用发票，并在增值税专用发票上分别注明销售额和销项税额。

属于下列情形之一的，不得开具增值税专用发票：

（一）应税销售行为的购买方为消费者个人的；

（二）发生应税销售行为适用免税规定的。

第二十二条 增值税纳税地点：

（一）固定业户应当向其机构所在地的主管税务机关申报纳税。总机构和分支机构不在同一县（市）的，应当分别向各自所在地的主管税务机关申报纳税；经国务院财政、税务主管部门或者其授权的财政、税务机关批准，可以由总机构汇总向总机构所在地的主管税务机关申报纳税。

（二）固定业户到外县（市）销售货物或者劳务，应当向其机构所在地的主管税务机关报告外出经营事项，并向其机构所在地的主管税务机关申报纳税；未报告的，应当向销售地或者劳务发生地的主管税务机关申报纳税；未向销售地或者劳务发生地的主管税务机关申报纳税的，由其机构所在地的主管税务机关补征税款。

（三）非固定业户销售货物或者劳务，应当向销售地或者劳务发生地的主管税务机关申报纳税；未向销售地或者劳务发生地的主管税务机关申报纳税的，由其机构所在地或者居住地的主管税务机关补征税款。

（四）进口货物，应当向报关地海关申报纳税。

扣缴义务人应当向其机构所在地或者居住地的主管税务机关申报缴纳其扣缴的税款。

第二十三条 增值税的纳税期限分别为1日、3日、5日、10日、15日、1个月或者1个季度。纳税人的具体纳税期限，由主管税务机关根据纳税人应纳税额的大小分别核定；不能按照固定期限纳税的，可以按次纳税。

纳税人以1个月或者1个季度为1个纳税期的，自期满之日起15日内申报纳税；以1日、3日、5日、10日或者15日为1个纳税期的，自期满之日起5日内预缴税款，于次月1日起15日内申报纳税并结清上月应纳税款。

扣缴义务人解缴税款的期限，依照前两款规定执行。

第二十四条 纳税人进口货物，应当自海关填发海关进口增值税专用缴款书之日起15日内缴纳税款。

第二十五条 纳税人出口货物适用退（免）税规定的，应当向海关办理出口手续，凭出口报关单等有关凭证，在规定的出口退（免）税申报期内按月向主管税务机关申报办理该项出口货物的退（免）税；境内单位和个人跨境销售服务和无形资产适用退（免）税规定的，应当按期向主管税务机关申报办理退（免）税。具体办法由国务院财政、税务主管部门制定。

出口货物办理退税后发生退货或者退关的，纳税人应当依法补缴已退的税款。

第二十六条　增值税的征收管理，依照《中华人民共和国税收征收管理法》及本条例有关规定执行。

第二十七条　纳税人缴纳增值税的有关事项，国务院或者国务院财政、税务主管部门经国务院同意另有规定的，依照其规定。

第二十八条　本条例自2009年1月1日起施行。